생각은 왜 Yes 아니면 No뿐일까?

생각은 왜 Yes 아니면 No뿐일까?

지은이 김광희
펴낸이 임상진
펴낸곳 (주)넥서스

초판 1쇄 인쇄 2016년 10월 5일
초판 1쇄 발행 2016년 10월 10일

2판 1쇄 인쇄 2018년 9월 5일
2판 1쇄 발행 2018년 9월 10일

출판신고 1992년 4월 3일 제311-2002-2호
10880 경기도 파주시 지목로 5
Tel (02)330-5500 Fax (02)330-5555
ISBN 979-11-6165-489-8 03320

www.nexusbook.com

생각은 왜

왜

Yes 아니면

No 뿐일까?

다양성을
키우는
4가지
생각도구

김광희 지음

넥서스BIZ

창의력은 '레드 와인' 이다

불그스레한 것이 먹음직스럽게 보이고 몸에도 좋다고 하니 한 잔씩 마시긴 하는데,
정작 들이켜면 텁텁하고 쓰기만 해서 무슨 맛으로 왜 먹는지 모르겠어요.

강의 도중 "창의력은 ○○이다. ○○를 채워보라"는 필자 주문에 한 여학생의 대답은 그랬다.

눈에 보이지 않는 심리적·인지적 현상이 창의력이기에 그 개념은 늘 모호성을 지닌다. 그런 창의력이 십수 년 전부터 우리 사회 키워드로 정착되면서 알게 모르게 구체화 및 그 계발 압박감(?)에 시달리고 있다.

초중고 모집 요강엔 '창의적 인재를 길러준다'는 문구가 약방의 감초처럼 따라다닌다. 대학 입시 요강에도 '창의력을 갖춘 인재를 선발한다'는 문구가 빠지는 법이 없다. '스펙보단 창의력과 인성을 갖춘 사람이 우선'이란 기업 채용 요건도 예외는 아니다. 마치 만병통치약을 기대하는 눈치다.

오롯이 눈으로 관찰되지 않으니 창의력에 관한 판별과 잣대는 녹록한 작업이 아니다. 긁기만 하면 100% 당첨 여부를 알 수 있는 스크래치 복권

과는 차원을 달리한다. 그런 창의력이지만 계발 자체가 목적이 되어선 곤란하다. 어디까지나 창의력은 인간에게 유용하고 유익한 뭔가를 창출해 가는 강력한 수단이자, 삶을 윤택하게 하는 지혜로운 도구여야 한다.

나라가 들썩거릴 정도로 '창의력, 창의성' 해도 관심 없는 이들에겐 하나의 애처로운 몸짓에 불과하다. 그런 이들에겐 조쉬 링크너의 한마디가 더욱 값질 수 있다.

"당신은 아마 이렇게 생각할 것이다. '창의력은 나와 무관하다. 그건 오로지 CEO와 발명가, 연구개발팀, 예술가들에게 필요하다.' 그런 주장은 분명 40년 전 산업 시대엔 합당했다. 오늘날 창의력 계발은 모든 사람의 일이다. 바로 당신의 일이다."

창의력을 모르고도 살아갈 수 있다. 그러나 창의력을 떠나선 살아갈 수 없다는 날선 지적이다.

창의력은 대체 어디에 있는 걸까? 다행히도 창의력은 무한정 채굴이 가능하다. 채굴 장소가 두뇌란 이름의 탄광인 까닭이다. 우리나라가 존재하는 한 이 땅의 창의력이란 자원은 결코 고갈되지 않는다. 또 창의력 천재는 없다. 그 계발은 스포츠나 요리, 외국어를 습득하는 것과 같은 기능(skill)이고 기법(technique)이다. 후천적 노력과 실천의 산물일 뿐이다.

악마를 소환하는 짓이라는 '인공지능(AI) 포비아'. 그에 맞설 인간의 마지막 보루는 '창의력(감성 지능)'이다. 이를 떠받치고 있는 인간의 뇌는, 약

1,000억 개 신경세포(뉴런)와 이들 가지와 가지를 촘촘히 이어줘 신호를 주고받는 약 100조 개의 시냅스로 구성된다. 뇌 전문가들은 인류가 아는 뇌는 고작 1%도 되지 않아 그것을 이해하는 데는 수만 년이 걸릴 수 있다고 한다.

그런 뇌의 잠재력에 비례해 창의력도 얼마든지 확장시킬 수 있다. 이에 더해 창의력은 두뇌로부터 쉽게 채굴 가능하도록 그 계발 공식이 존재한다.

'창의력 = 다양성 × 지식 × 동기부여 × 동심 × 기법'

공식에 관해선 졸저《창의력에 미쳐라》를 시작으로《창의력을 씹어라》, 《미친 발상법》 등에 자세히 소개하고 있다. 진정으로 창의력 계발을 원한다면, 앞의 다섯 가지 요소에 대한 지행합일(知行合一)이 요구된다.

이 책에선 앞의 다섯 가지 요소 가운데 '다양성'에 초점을 맞춰 좀 더 심도 있게 얘기한다. 여기서 말하는 다양성이란 '생각의 다양성'을 말한다. 이런 다양성은 지식과 더불어 창의력으로 나아가는 자전거의 두 바퀴다.

다양성의 원점은 뭘까? 그건 남다른 자신의 고유한 생각(개성)에서 비롯되고 그게 모여 다양성을 이룬다. 그렇다면 다양성을 키우기 위해서 어떻게 해야 할까? 미력하나마 그 물음에 힌트를 주고자 이 책은 태어났다. 아무런 지식이나 실천 없이 시나브로 다양성이 길러지는 게 아니기 때문이다.

다양성을 기르기 위해선 촉진해야 할 긍정적 요소(+)와 최대한 억제해야 할 부정적 요소(-)가 존재하는데, 이것들에 대한 적극적인 관리와 실천이 중요하다. 긍정적 요소의 대표로는 '관찰'과 '제3안'이, 부정적 요소로는 '동조'와 '기능적 고착'이 있다. 이들 요소는 다양성을 언급할 때 가감과 완급의 조절 대상이다.

다양성 키우기	촉진 +	관찰 및 관찰력 기르기
		제3안 떠올리기
	억제 −	동조 및 동조 압력 극복하기
		기능적 고착 털어내기

본문에선 앞의 네 요소에 관한 자세한 설명과 각종 사례, 방법론 등을 제시해 독자가 남다른 생각과 다양성을 기르고 계발하는 데 도움을 주고자 했다. 남다른 생각을 가져야 꼭 성공하는 건 아니지만, 성공하려면 분명 남과 다른 생각을 가져야 한다는 건 진실이다.

내용은 크게 세 개 파트로 나뉘어 있다. 되도록이면 필자가 구성한 순서대로 읽어주면 좋겠다.

먼저, Part1에선 사회(교육) 주변에 대한 조명을 통해 다양성(개성)이 어째서 중요하고, 어떤 의미를 지니며, 그게 함축하는 진정한 가치에 대해 살펴봤다. 또한 다양성이 부재한 우리 교육과 사회의 각종 문제점, 그에 대한 반성과 방향성, 국내외 사례 등을 거론했다.

Part2에선 다양성을 키우기 위해 실천해야 할 두 요소, 즉 '관찰과 제3안'의 의미와 중요성, 실천 노하우 등을 구체적으로 제시했다.

마지막 Part3에선 유일무이한 인간으로서 응당 표출돼야 할 개성, 그런 개성과 다양성을 저해하는 두 요소인 '동조와 기능적 고착'의 의미 및 문제점, 이를 극복할 수 있는 실천 노하우 등을 자세히 언급했다.

더불어 본문을 읽다가 머리가 무거워질 즈음, 분위기를 환기시키고 읽는 재미를 더하기 위해 중간중간에 '생각해보기'를 삽입해두었다. 독자의 졸린 머리를 유쾌하고 통쾌하게 흔들어줄 작정이다.

끝으로 책이 출간되기까지 노심초사 수고를 아끼지 않은 넥서스 출판사 여러분께 깊은 감사를 드린다.

다양성으로 넘쳐나는 캠퍼스에서

김광희

|목차|

프롤로그: 창의력은 '레드 와인'이다 5

1
다양성, 왜 필요해?

'생각하다'의 반대는 뭘까? 16
다양성이 곧 생존이다

질문1. 대체 어떤 '동물'일까? 18 • 질문2. 대체 어떤 '과일'일까? 19 • 질문3. 대체 어떤 '나라'일까? 20 • 답변. 지구상에서 사라지는 이유 22 • 왜, 다양한 생각에 주목해야 하는가? 23

57년 만의 변신, 다양성에 무릎을 꿇다 28
치타와 바나나의 기구한 운명

신은 한 동물에게만 주지 않았다 29 • 근친교배, 뭐가 문제인가? 32 • 왜, 거악(巨惡)은 생존력을 잃었을까? 34 • 정말이야, 바나나가 멸종돼? 36 • 다양성은 생존의 거울이다 38

국가로서 한국은 이번 주 사라진다? 42
대한민국에 들이닥칠 운명

걸 그룹의 화려한 무대가 생각나는 까닭? 43 • 밥만 축내는 인간 47 • 획일성, 반도(半島)의 실수 50 • 한국인, 취미는 왜 딱 2가지뿐? 55 • 눈앞 상황만 살피는 찰나적 사업관 57

생 각 해 보 기 꽃도 부끄러워하고 달도 숨을 몸매란? 63

남성도 앉아 소변보게 허하라! 72

인식 변화의 소중함

남자도 치마를 일상화하자 73 • 80점에 대한 단상 75 • 절대 긍정에 삐딱선 타기 77 • '아직'과 '이제'를 버리면 남는 건? 80

9988은 '일결포'를 선언해야 할까? 86

다양성이 가진 최강 무기

해독에 2,000만 년 걸리는 암호 87 • 고독한 천재 시대의 몰락 91 • 나약한 인간의 위대함이여! 94 • 집단은 개, 돼지일까, 현자(賢者)일까? 97 • 모든 생각은 다양성으로 통한다 101

생 각 해 보 기 **인생에서 가장 후회되는 일은?** 105

2
다양성의 씨앗 뿌리기

'애플빠'라는 걸 어디 입증해봐! 118

관찰, 다양성을 확보하는 눈

'리자' 부인 머릿결은 직모? 119 • 저런 버릇없는 녀석이 다 있어! 126 • 행운아와 불운아를 가르는 경계 130 • 관찰은 위대한 예술이다 135

우린 달라, 절대 구멍 나지 않는다고! 140

관찰력을 길러줄 5가지 노하우

실천1. 의식을 수시로 깨워두기 142 • 실천2. 가설을 세우고 검증하기 144 • 실천3. 머리로 배 터지게 먹기 145 • 실천4. '틀린 그림 찾기'에 도전하기 148 • 실천5. 습관의 다발 풀기 153 • Take Action Now! 158

생 각 해 보 기 **"너, 오빠 믿지?"라는 말을 과연 믿어도 될까?** 159

누가 그래, 다리는 직선이어야 한다고? 162

A와 B가 있다면 C를 택하라

그런 질문엔 동의할 수 없다 163 • 취사선택, 또 다른 폭력이다 167 • 유대인이 유대인인 까닭? 171

기막힌 생각으로 무(無)개념 인간 돼보기 176

제3안을 떠올릴 5가지 노하우

실천1. 진정한 욕구 읽기 177 • 실천2. 문제 본질 꿰기 181 • 실천3. 우문현답(愚問賢答) 185 • 실천4. 초점 이동시키기 189 • 실천5. 더하고 빼고 변형시키기 193 • Take Action Now! 197

생 각 해 보 기 인간성 대신 상을 택하다? 198

3
다양성을 막는 올가미 끊기

소녀는 어떤 책에 빠진 걸까? 206

동조라는 무뇌(無腦) 거수기

비극은 늘 그렇게 시작된다 207 • 안다, 홀로 'No!'라고 말할 수 없는 이유를 211 • 밥 앞에서 돼지는 늘 침묵한다 215 • 김 팀장이 쉽게 동조하는 까닭? 221

'일생' 이란 단어에서 동조를 곱씹다 228

동조 압력에서 자유로워질 5가지 노하우

실천1. 천상천하유아독존 231 • 실천2. 대중과 반대로 걸어보기 235 • 실천3. 자신의 존재 이유 깨닫기 240 • 실천4. 카르페 디엠(Carpe diem) 244 • 실천5. 자기 삶에 흔적 남기기 248 • Take Action Now! 252

생 각 해 보 기 다리가 2개뿐인 길쭉한 몸통의 나쁜 돼지 254

양끝을 묶어야 하는데, 가능할까? 262

기능적 고착이란 타성과 획일성

여지를 둔다는 심오한 의미 263 • 규정된 다양성은 다양성이 아니다 266 • 고리 2개는 이어질 수 있을까? 269 • 평생 소화되지 않는 음식 277

어느 종교에 자비심이 가장 많을까? 278

기능적 고착에서 벗어날 5가지 노하우

실천1. 분할해 보편적 접근하기 279 • 실천2. 호기심 불러오기 286 • 실천3. 정의나 전제를 새롭게 하기 291 • 실천4. 인과관계 오류 줄이기 296 • 실천5. 선입견 버리기 303 • Take Action Now! 307

생 각 해 보 기 주부 9단에 도전해보기 308

에필로그: 5명이 130명과 맞서는 법 314

다양성을 키워줄 20가지 Tip 319

참고 문헌 320

시험 치기엔 이른바 달인으로 등극했지만, <u>스스로</u> 생각하고 그걸 자신만의 관점으로 재해석하며 판단하는 능력은 혼자서 한 발짝도 못 떼는 딱 유아 수준! 현재 우리 교육 현장에서 목격되는 참담한 장면이다.

우리 사회는 모든 걸 도박하듯이 '몰빵'한다. 한 우물 밖엔 파지 않는다. 그러다가 물이 나오면 다행이지만 안 나오면 쪽박을 찬다. 다양한 우물을 파야 위험을 회피할 수 있는데, 포트폴리오 구성에 취약한 개개인의 사고와 행동은 되레 위험을 가중시킨다. 변화가 필요한 시점이다. 문제 해결의 첫걸음은 문제가 있음을 자각하는 것이다.

Part1에선 다양성의 의미와 중요성, 그 가치(사례) 등을 자세히 다룬다. 또 다양성이 부재한 우리 교육과 사회의 문제점, 미래의 방향성도 함께 짚어본다.

명심하라. 다양성이 메마르고 편식을 하는 식탁에서는 건강이란 창의력이 함께할 리 만무하다는 사실을.

Part 1

다양성,
왜
필요해?

'생각하다'의
반대는 뭘까?

다양성이 곧 생존이다

다양성은 생명의 특징이 아니라, 공기와 물처럼 생명에 필수불가결한 조건이다.

배리 로페즈(미국 작가)

한 친구에 대해 난 생각한다.

어느 날 나는 그와 함께 식당으로 갔다.

식당은 손님으로 만원이었다.

주문한 음식이 늦어지자

친구는 여종업원을 불러 호통을 쳤다.

무시를 당한 여종업원은

눈물을 글썽이며 서 있었다.

그리고 잠시 후 우리가 주문한 음식이 나왔다.

난 지금 그 친구의 무덤 앞에 서 있다.

식당에서 함께 식사를 한 것이

불과 한 달 전이었는데

그는 이제 땅속에 누워 있다.

그런데 그 10분 때문에 그토록 화를 내다니.

막스 에르만, 〈한 친구에 대해 난 생각한다〉(《지금 알고 있는 걸 그때도 알았더라면》에서).

어떤가? 읽은 소감을 들려줘라.

시인이 얘기하는 친구가 자신이 아니길 빌었는가? 일종의 허무감에 "그
래, 맞아!"라며 고개를 떨궜는가? 조급함을 삭이면 나도 남도 행복해진다
는 값진 교훈을 얻었다고? 이렇게 생각하는 당신에겐 미안하다.

언제까지 "화는 모든 불행의 근원!"이라며 친구의 분노와 조급함을 비

웃을 건가? 왜 다들 친구 입장은 못 되는가? 남모를 사연이 있었을지 누가 아는가?

'생각하다'의 반대가 뭔지 아는가? 그건 '아무 의문 없이 믿는다'다.

아무런 의문 없이 들리는 대로 듣고 보이는 것만을 금과옥조로 알고 믿는 이들에겐 얄궂고 힘든 요구일 수 있다. 시인 친구를 옹호(시인을 반박)하는 멘트 하나만 부탁하자.

___

___

질문1. 대체 어떤 '동물'일까?

주어진 내용을 읽고 어떤 동물인지 추측해보라.

- 고양이과(科) 육식동물이다.
- 몸 길이 1.1~1.4m, 꼬리 길이 60~80cm, 몸무게 40~65kg이다.
- 몸통은 회색 혹은 갈색이며 검은색의 작은 얼룩무늬가 있다.

대체 누가 동물 몸무게나 그 길이 따위를 줄줄 외운단 말인가! 그래선지 좀처럼 어떤 동물인지 감을 잡지 못한다. 그래서 내용을 더 보충했다.

- 최고 속력은 시속 110km 전후다.
- 잡은 사냥감 절반은 주변의 대형 포식 동물에게 빼앗긴다.
- 지상에서 가장 빨리 달리는 동물이다.

"이제 알겠네!" 하는 작은 탄성이 터진다. 물론 일부 독자 가운데는 아직 잘 모르겠다는 사람도 있다. 힌트 하나를 더 준다.

- 머잖아 지구상에서 멸종될 동물이다.

마지막 힌트 때문에 되레 더 까다로워졌다는 푸념도 들려온다. 언제 어디선가 누군가로부터 들어본 내용 같기도 한데, 아무튼 잘 모르겠다고?

질문2. 대체 어떤 '과일'일까?

제시한 내용을 읽고 어떤 과일을 지칭하는지 맞춰보라.

- 세계에서 가장 많이 재배되는 과일이자 식량이다.
- 기원전 5,000년경부터 재배됐을 만큼 그 역사가 길다.
- 무역 규모만 연간 10조 원에 달할 만큼 세계인이 즐겨 먹는다.

"이잉~ 뭐지?" 여기까지 언급한 내용만으론 어떤 과일인지 쉽사리 떠오르질 않는다. 그럴 것 같아 내용을 몇 가지 추가한다.

- 과일에 브랜딩 개념을 처음 도입했다.
- 수년째 국내 대형 마트 과일 판매량 1위를 기록하고 있다.
- 이미 한 번 멸종됐는데, 그 이름은 그로미셸이란 품종이다.

알듯 말듯 했는데, 과거 이미 멸종된 적이 있다는 힌트에 머리가 다시 복잡해진다. 그럴 즈음 결정적 힌트 하나를 던진다.

- 머잖아 지구상에서 멸종될 과일이다.

거듭 멸종된다는 말에 휘둘려 조금 전 떠올린 과일(식량)이 답이 아닐지 모른다고 생각한다. 어떤 과일일까? 궁금증은 의혹이 불거지듯이 점점 부풀어간다.

질문3. 대체 어떤 '나라'일까?

다음 내용을 근거로 어느 나라를 가리키는지 말해보라.

- 경쟁보단 평준화가 대세다.
- 여성 얼굴이 점차 닮아가고 있다.
- 일부 종교는 강한 근본주의 성향으로 이따금씩 말썽을 일으킨다.

'종교의 근본주의적 성향'이라, 혹시 중동에 위치한 국가인가? 여기까진 솔직히 어떤 나라인지 잘 모를 수 있다. 또 다른 내용이 이어진다.

- 학생 자질과 무관하게 공부로 성공할 것처럼 교육시킨다.
- 자영업 비율이 유난히 높고, 특히 치킨집, 커피 전문점이 많다.
- 세계관은 딱 세 나라에 머물고 있다. 미국과 중국, 일본!
- 실패를 용인치 않고, 안정된 직업만 찾는 공시족 천지다.
- 종종 '다름(different)'은 '틀림(wrong)'으로 평가받는다.

그제야 감 잡은 듯 씨익~ 웃지만, 그 한편으론 쓸쓸함을 내심 감출 길이 없다. 이 정도쯤에서 답을 못 찾은 독자는 없다. 그럼에도 불구하고 경천동지할 멘트 하나를 더 들려준다.

- 머잖아 지구상에서 사라질 나라다.

조만간 지구상에서 사라질 거란 표현에 화들짝 놀라 다시 한 번 생각을 다잡는다. 대체 어떤 나라이기에 그럴까? 결정적 힌트를 추가하면, 지구 상 유일의 분단국이며 '비행기나 배를 타지 않고선 해외로 나아갈 수 없는' 참담하고 얄궂은 지정학적 운명을 가진 '섬나라'다.

답변. 지구상에서 사라지는 이유

앞서 던진 세 가지 질문은 독자들의 생각을 꽤나 당혹스럽게 만들었을 수 있다. 지금부턴 그 세 가지 질문에 명쾌히 답할 차례다.

이미 많은 독자가 짐작했으리라 예상되지만

질문1의 해답은 지상에서 가장 빨리 달리는 '치타',
질문2의 해답은 평소 즐겨 먹는 달콤한 '바나나',
질문3의 해답은 참담하게도 '대한민국'일 가능성이 크다.

위 질문 세 가지와 그 해답에서 살펴봤듯이 '치타, 바나나, 대한민국'이 머지않아 사라지는(사라질 가능성이 큰) 이유는 뭘까?

그건 다름 아닌 '다양성(diversity)'이 부족해서다.

참고로 다양성의 사전적 정의는 '모양이나 빛깔, 형태, 양식 따위가 여러 가지로 많은 특성'을 가리킨다.

왜, 다양한 생각에 주목해야 하는가?

진시황이 아직 천하의 주인이 아닌 진(秦)의 왕이었던 시절 얘기다.

어느 날 신하 이사(李斯)가 자못 심각한 얼굴로 진시황을 찾아 아뢴다.

태산불사토양 고능성기대(泰山不辭土壤 故能成其大)
하해불택세류 고능취기심(河海不擇細流 故能就其深)

그의 말인즉, "태산은 한 줌의 흙도 사양하지 않았기에 그렇게 높아질 수 있었고, 하해는 작은 물줄기 하나도 마다하지 않았기에 그렇게 깊을 수 있었다"는 의미다. 사마천의 《사기(史記)》 가운데 〈이사열전(李斯列傳)〉에 등장하는 대목이다.

"타국 출신 관료는 믿을 수 없으니 진나라에서 모두 추방시켜야 한다"는 얘기가 조정에 떠돌자 이를 염려한 이사가 진시황에게 건의한 내용이다.

비록 타국 출신의 인재일지라도 그들이 지닌 다양한 생각과 지혜를 적극 수용해야 대업을 추진할 수 있다는 강렬한 메시지를 담고 있다. 이사의 건의를 받아들인 덕분에 진시황은 중국 최초로 천하통일이란 대업을 이룰 수 있었다.

'다양성'은 '지식, 동기 부여, 동심, 기법'과 더불어 창의력 계발에 필요하고 불가결한 다섯 가지 요소 가운데 하나다. 이들 요소가 잘 어우러져 본연의 기능을 발휘할 때 창의력이란 훌륭하고 건실한 집을 지을 수 있다.

본론에선 지식과 함께 창의력을 떠받치는 양대 기둥인 '다양성'에 초점을 맞춘다.

여기서 말하는 다양성은 성별, 문화, 인종, 출신, 계층 등을 둘러싼 다양성을 얘기하는 게 아니다. 개개인이 추구해야 할 '생각하는 방법(how to think)'의 다양성이다. 바로 '생각의 다양성(diversity of thought)'이다.

인간의 머릿속에 담긴 '다양한 생각', 다시 말해 자신만의 고유한 생각은 그 주체의 생존과 문명을 좌우할 만큼 대단히 소중한 것이다.

가히 백가쟁명(百家爭鳴)의 형국이다. '상상할 수 없는 것도 생각해야(Think the unthinkable)' 할 정도로 다양한 생각의 가치가 날로 부각되고 있다. 이게 부족하면 성별, 문화, 인종, 출신, 계층 등 어느 것 하나 제대로 인정할 수 없어 생각의 스펙트럼을 넓히기 힘들다.

《성공하는 사람들의 7가지 습관》의 저자로 유명한 스티븐 코비가 "강점은 비슷한 것이 아닌 서로 다른 것에 존재한다"고 했다. 평소 관심 있는 걸 잘 하려면 관심 없는 분야의 지혜로부터 도움을 받아야 한다. 실제로 서로 다른 경험을 가진 기술자들로 구성된 팀이 더 우수한 성과와 새로운 지식을 거침없이 쏟아내고, 다양한 배경의 인사들로 구성된 경영진이 더 현명한 의사 결정을 내린다는 연구 결과가 많다.

다양한 생각과 배경, 문화적 경험을 가진 사람이 부딪히면서 야기되는 건설적 갈등과 마찰, 그로 인한 시너지 효과는 세상을 바꿀 창의적이고 혁신적인 발상을 가져온다.

다양성의 가치를 적확히 표현하는 명문 세 가지가 있다. 이는 우리가 다양성에 주목해야 할 당위성을 제대로 설파한다.

• 모든 종류의 사람이 모여 세상을 이룬다.

서양의 격언이다. 세상은 여러 가지 생각을 가진 사람들로 구성돼 있으니 항시 다양한 생각을 수용하고 표현해야 한다는 교훈이다. 다양성을 실현하려면 현실에 엄연히 존재하는 상대와의 인식 차이를 포용하는 것부터 시작해야 한다.

• 형제 머리를 비교하면 양쪽을 다 죽이지만 개성을 비교하면 양쪽을 다 살릴 수 있다.

유대인의 격언이다. '남보다 뛰어나라'보다 '남과는 다르게 돼라'고 가르치는 유대인의 진면목이 엿보인다. 개성이 없으면 다양성도 없고, 다양성이 없으면 창의력도 없다. 유대인이 가진 탁월한 창의력은 개성에서 비롯되었다.

• 모두가 비슷한 생각을 한다는 건 아무도 생각하고 있지 않다는
  뜻이다.

저널리스트 월터 리프먼의 말이다. 실제로 한 가지 생각만 가지고 있는 집단보다 위험한 집단은 없다.

고대 유대인의 재판 기구엔 '산헤드린(sanhderin)'이 있었다. 산헤드린 공회에선 판관들이 만장일치로 결정한 안건에 대해선 이튿날로 결정을 미루거나 무효 처리했다고 한다. 반드시 한 명이라도 "그건 잘못되었습니다"라고 해야 유효한 판결이 내려질 수 있었다.

단 한 사람의 이견(異見)도 없이 모두가 같은 생각을 하고 있다는 건 자칫 모두가 그릇된 판단을 하고 있는 것일지도, 주변 눈치를 살피다가 아무도 바른 말을 하지 않은 것일지도 모른다는 우려에서다.

'바나나'란 이름이 없어도 '바나나'란 과일은 지구상에 존재하나, '다양성'이란 개념 없이 성장과 발전을 외치는 건 난센스다. 내가 있기 위해선

'상대'가 존재해야 하고, 그 상대는 나와 '다른 생각'을 가진 실체임을 명심해야 한다. 다양성의 개념과 실체를 짚는 일은 그래서 소중하다.

공산주의나 사회주의와 비교해 자본주의가 강건하다는 건 바로 개개인이 가진 다양한 생각(개성)을 인정하고 구성원이 이를 발휘하도록 만들기 때문이다. 무수한 창의적인 생각과 가치, 주장이 부딪히면서 협력하고 경쟁할 때 비로소 사회는 건강해질 수 있다.

잊지 마라, 동서고금을 막론하고 다양한 의견과 새로운 발상을 포용한 국가는 융성했고, 문을 걸어 잠근 채 한 가지 생각 혹은 극단적 논리만 추종한 국가는 쇠락의 길을 걸어야 했다.

57년 만의 변신,
다양성에 무릎을 꿇다

치타와 바나나의 기구한 운명

다양성은 삶에 온갖 맛을 더해주는 양념과 같은 것이다.

윌리엄 쿠퍼(영국 시인)

출처: http://www.usatoday.com/story/money/nation-now/2016/01/28/ barbies-new-shapes-tall-petite-and-curvy/79449784/

고집스레 버텨오던 바비(Barbie)도 마침내 두 손을 들었다.

1959년 세상에 나온 바비 인형은 푸른 눈에 금발, 깡마른 체형이었다. 1960년대 후반에 '흑인 바비', 1980년 '아시안 바비'가 선보이면서 머리카락, 눈, 피부 색깔은 바뀌었지만 '상상 속에나 존재하는 비율'이라 불린 체형은 그대로였다.

그러다가 무려 57년 만에 작고(petite), 키 크고(tall), 볼륨 있고 통통한(curvy) 3가지 체형의 바비 인형을 만들어 판매를 시작했다. 앞으로 판매될 바비 인형은 4가지 체형에 7가지 피부색, 22가지 눈동자 색깔, 24가지의 헤어스타일을 다양하게 조합해 나온다.

그동안 전 세계에서 가장 많은 인기를 누리면서도 미의 기준을 획일화한다는 비난에서 자유롭지 못했던 바비 인형. 그 인형을 출시하는 마텔(Mattel)사 경영진은 비로소 다양성의 가치와 의미를 통감하곤 대대적인 변신에 나섰다.

마침내 바비와 같은 비현실적 외모를 갖기 위해 다이어트에다 성형 수술도 마다하지 않는 이른바 '바비 신드롬(Barbie Syndrome)'이 종언을 고하게 됐다.

신은 한 동물에게만 능력을 주지 않았다

날렵한 몸매와 긴 다리를 가지고 초원을 지상 최고 속도로 질주하는 동물

치타. 학명은 'Acinonyx Jubatus'라 불린다. 달리기 시작한 지 불과 2초 만에 시속 72km에 달할 만큼 잽싼 동물이다.

과거엔 전 세계 모든 대륙에서 볼 수 있었던 흔한 동물로 가장 오래 살 아남은 대형 고양이였건만, 지금은 멸종이란 슬픈 운명에 직면해 있다.

19세기 후반까지만 해도 아프리카에서 아시아에 이르기까지 약 40여 개 국가에 10만 마리 이상의 치타가 발견되었다. 그러던 게 현재는 20개 국 이상의 국가에서 멸종되면서 약 9,000~1만 2,000마리가 지구상에 생 존해 있는 걸로 전문가들은 보고 있다.

서식처 및 생태계 파괴에다 횡행하는 밀렵, 사냥터 감소, 대형 포식 동 물과의 경쟁, 또 주변 인간과의 경쟁(가축 농가) 등으로 현재 치타는 점점 멸종이란 막장으로 내몰리고 있다.

신은 능력을 한 종(種)에게만 주지 않았다. 치타는 시속 110km를 넘나드는 속도로 초원을 달리지만, 다른 포식 동물과의 싸움에선 그리 강자 축에 끼지 못한다. 아프리카에서 가장 뛰어난 사냥꾼이면서도 포획한 사냥감의 절반가량을 사자나 표범, 하이에나와 같은 주변의 대형 포식 동물에게 빼앗겨버린다.

이런 악조건에도 불구하고 치타를 절체절명의 위기로 내몰고 있는 건 사실 다른 데 있다. 다름 아닌 '유전적 다양성(genetic diversity)의 결여'다. 유전적 다양성이란, 한 종 안에 서로 다른 유전 형질이 공존하는 정도를 나타낸다.

지금으로부터 2만 년 전, 치타는 아프리카, 아시아, 유럽, 북아메리카 4대륙에 걸쳐 사반나 평원을 이리저리 평화롭게 누볐다. 그러다가 약 1만 년 전 빙하기를 거치면서 치타의 한 종류였던 'Acinonyx Jubatus'를 제외한 모든 종류의 치타가 멸종했다.

그런 까닭에 특정 지역에 살아남은 소수 개체 사이에 번식 활동이 이루어질 수밖에 없었다. 이른바 근친교배가 이뤄지면서 현재 모든 치타는 근친 관계에 있다.

근친교배란, 가족이나 친척끼리 번식 활동을 했을 때 일어나는 참사다. 만약 한 교실에서 함께 공부하는 학생들의 혈액을 채취해 혈중 단백질을 본다면, 모두 제각각이다. 하지만 치타의 혈중 단백질을 보면, 대단히 흡사하다. 마치 일란성 쌍둥이와 같아 지구상 치타는 모두 근친 관계에 있음이 확인된다고 한다.

유전학자에 따르면, 대부분 종에서 혈연관계에 있는 개체끼리는 약 80%의 동일한 유전자를 공유하고 있는데, 치타는 거의 99%나 같다고 한다.

오늘날 치타의 극히 낮은 생존율(성체로 자라기 전 사망률은 무려 90%)과 정자의 질 저하 그리고 쉽게 병에 감염되는 성질은 근친교배로 인한 결과라고 한다.

근친교배, 뭐가 문제인가?

근친교배의 가장 큰 문제점은 뭘까?

다름 아닌 유전자 다양성을 훼손한다는 점이다. 종은 개체수가 많을수록 잘 멸종되지 않는다. 개체수가 많을수록 종 안에 다양한 유전자 차이를 가진 개체가 포함돼 유전자의 다양성은 강화된다. 그렇게 되면 각종 전염병이나 기후 변화 등과 맞닥뜨려도 일부 개체가 생존해 멸종만은 피해갈 수 있다.

이를테면, 건강한 사자의 개체군에 바이러스가 침입했을 경우, 사자는 유전적 다양성을 확보하고 있어 모든 개체가 전염병으로 죽을 확률은 극히 낮다.

하지만 치타와 같이 모든 개체가 유전적으로 같은 경우, 한 개체가 어떤 전염병에 감염되면 모든 개체가 감염돼 순식간에 전멸할 위험성이 크다. 즉, 유전적 다양성이 약한 개체군은 환경 변화에 따라 언제든지 멸종 위협에 노출돼 있다는 의미다.

유전적 다양성 결여는 비단 치타만의 문제가 아니다. 바로 우리 일상에서도 수시로 목격하는 장면이다.

항생제의 발명으로 전염병이 사라지는 줄 알았더니 요즘은 날이 갈수록 더 많은 전염병들이 우리 건강을 위협하고 있다. 그중의 하나가 조류독감이다. 한 번 발병했다 하면, 처음 발견된 양계장은 말할 나위도 없거니와 근방 웬만한 새들도 모두 한꺼번에 생매장당한다. 공기를 타고 감염될 가능성과 철새들이 옮길 가능성 때문에 한 나라에서 조류독감이 발견되면 이웃 나라들도 모두 방역 비상이 걸린다.

조류독감은 예전에는 없던 병인데 최근 갑자기 등장한 것일까? 그런 것은 절대 아니다. 늘 있어왔던 병이다. 다만 우리가 오랜 세월 동안 인위적으로 선택한 닭과 오리들을 길러왔기 때문에 문제가 되는 것이다. 오랜 세월 동안 알을 잘 낳는 암컷만 선택하여 기르다 보니 지금 우리가 기르는 닭과 오리들은 사실 거의 복제 동물에 가깝다. 유전적으로 변이가 거의 없기 때문에 한 번 전염병이 돌면 모두 함께 걸릴 확률이 엄청나게 높아진다. 예전에도 조류독감에 걸린 새들이 있었지만 유전적으로 다양한 새들이 모여 살던 시절에는 그리 심각한 문제가 아니었던 것이다.

생태학자인 최재천 교수가 한 번역서(《자연은 알고 있다》)의 추천 글에서 지적한 내용이다.

시골의 한 양계장에 조류독감(AI)이 발병하면, 그 반경 3km 이내에 있는 모든 양계장의 멀쩡한 닭들까지 예방 차원에서 몽땅 묻는 까닭이 여기에 있다.

왜, 거악(巨惡)은 생존력을 잃었을까?

얼마 전 한국수산자원관리공단이 주요 방류 종묘의 유전적 다양성을 조사했는데 그 결과는 사뭇 충격적이었다. 자연 집단에서 73.8%의 다양성을 보인 넙치가 방류용 종묘에선 다양성이 66.6%로 확인됐기 때문이다.

우성(優性) 품종만 걸러내 방류용 종묘를 만들다 보니 종 다양성이 훼손될 수밖에 없다. 앞으로도 방류용 종묘가 바다에 계속 방류되면 자연 상태 종의 다양성 훼손은 더욱 심화될 수 있다.

일반적으로 자연 상태 종과 방류용 종묘 간의 종 다양성 차이가 10%에 가까울수록 해당 종의 기형이나 생존율 저하, 멸종 등의 가능성이 크다고 한다. 알고 보니 잦은 양식 넙치의 폐사 원인이 종 다양성 부족에서 초래된 것이었다.

치타의 사례에서 보듯이 유전적 다양성이 일단 한 번 파괴되면 다양했던 유전자들은 다시 돌아오지 못한다. 게다가 지금 당장은 상당히 경쟁력이 있어 보이는 형질도 다양성 결여로 단 한 번의 전염병이나 환경 변화에 언제든지 멸종으로 이어질 수 있다.

지금도 기억에 선하다.

전국 습지에서 밤낮없이 울어대던 무례한 포식자 황소개구리. 토종 어류의 씨를 말리던 생태계 파괴자, 무법자, 공공의 적으로 불렸다.

근데 이게 지금은 흔적을 감추었다. 어디로 사라진 걸까? 그동안 외래동물이 국내엔 수없이 유입되었지만 황소개구리만큼 국민적 공포감을 준 존재는 없었다. 일반 개구리의 열 배에 달하는 거구에다가 갖은 곤충과 물고기, 심지어는 뱀마저 삼켜버렸을 정도다. 그런 녀석이 어느 순간 슬며시 자취를 감췄다.

전문가들은 가장 큰 원인을 천적 등장이 아닌 '근친교배'에서 찾고 있다. 생태계를 점령하면서 단숨에 모든 걸 쓸어버릴 듯하던 황소개구리는 한정된 공간에 서식하면서 어미와 새끼, 형제, 자매 등 가까운 혈연끼리만 짝짓기를 계속했다. 이로 인해 악성 유전자가 대물림되고 유전자 구조가 단순해졌다. 특히, 유전자가 단순해지고 열성 유전자가 축적되면서 농약,

환경호르몬, 수질 오염 물질 등에 저항하거나 적응하는 데 문제가 생겼다는 거다.

황소개구리를 둘러싼 논점이 우리 사회에 던지는 메시지는 예사롭지 않다. 비단 이런 근친교배의 부작용이 황소개구리나 일부 조직(기업, 대학, 집단 등)의 문제로만 한정될까? 그렇지 않다. 그래서 소름 돋고 두렵다.

정말이야, 바나나가 멸종돼?

'그로미셸(gros michael)'이란 이름을 들어봤는가? 또 '캐번디시(cavendish)'는 어떻고?

사실 전자는 이미 지구상에서 자치를 감춰버린 바나나 품종이고, 후자는 현재 우리가 즐겨 먹는 바나나 품종이다.

바나나는 마케팅 측면에서도 깊은 의미를 지닌다. 그 까닭은 오늘날 과일 하나하나에 상표를 붙여 판매하는 게 점차 일반화되고 있는데, 이처럼 과일에 브랜딩 개념을 도입한 것도 바나나가 처음이기 때문이다.

알다시피 '캐번디시'는 당도가 굉장히 높은 데다가 씨마저 없어 세계적으로 가장 많이 판매될 만큼 높은 시장성을 지녔다. 이런 캐번디시이지만, 실은 이미 멸종된 '그로미셸'의 대체품에 불과하다.

1900년대 초, 한 과일 거래상은 자메이카에서 우연히 그로미셸이라고 하는 바나나를 발견한다. 그 바나나가 미국에 수입되면서 폭발적 인기를 얻자 중남미 온두라스에 광대한 그로미셸 농원이 만들어지기도 했다. 또 바나나 생산자나 거래상이 큰돈을 벌면서 '바나나 드림'이란 말이 그 무렵 생겨났다.

그랬던 그로미셸에 1900년대 중반 돌연 비극이 덮쳤다. 바나나가 시들면서 거무스름해지는 '파나마병(마름병)'이 급속히 퍼져나갔다.

그러자 그로미셸을 대체할 만한 바나나 생산을 목적으로 수년의 연구를 거쳐 탄생한 게 바로 파나마병에 강한 캐번디시였다. 캐번디시는 병원체가 침입하는 걸 억제하고 병원균을 물리치는 방어 시스템을 지녔다고 한다.

한때 위기에 몰렸던 바나나 산업은 캐번디시가 구세주 역할을 함으로써 새로운 도약의 길을 모색하게 됐다. 마침내 1960년대엔 그로미셸이 지구상에서 사라지고 그 자리를 캐번디시가 완벽하게 대체하면서 전 세계로 퍼져나갔다.

그랬던 바나나에 새로운 위기가 몰려오고 있다. 파나마병을 닮은 곰팡이의 변이체로 인한 '신파나마병'이 동남아시아를 중심으로 보고되고 있다. 캐번디시도 그로미셸과 동일한 치명적 약점을 가지고 있었던 것이다. UN 식량농업기구(FAO)는 신파나마병을 가리켜 '세계에서 가장 파괴적인 바나나 병의 하나'라고 지적했다.

다양성은 생존의 거울이다

왜 바나나는 전염병에 약한 걸까?

답변 대신에 이런 의문을 먼저 던져보면 어떨까?

"바나나 과육엔 왜 씨가 없을까?"

바나나는 꽃도 피고 달콤한 열매도 맺지만, 씨앗이 없다. 서로 다른 나무
의 유전자가 섞여서 씨를 만드는 과정이 존재하지 않다는 뜻이다. 바나나
는 알뿌리로 복제·번식한다. 이 때문에 다른 유전자 형질을 받아들일 기
회가 없다. 어미 바나나에서 난 알뿌리를 심으면 어미와 똑같은 새끼 바나
나가 자란다.

그런 까닭에 우리가 먹는 전 세계 바나나는 유전적으로 모두 쌍둥이다.
유전자가 같다는 건 동일한 전염병이나 외부 환경에 동일하게 노출될 수
있음을 의미한다. 또 단일 품종을 광활한 농원에서 대량 재배하니 전염 속
도는 그 어떤 과일보다 빠를 수밖에 없다. 현재로선 백신도 없다.

바나나처럼 하나의 생태계가 비슷한 유전자로 통일되는 건 매우 위험
한 일이다. 개체수가 아무리 많아도 유전적으로 모두 동일한 DNA를 가지
고 있는 경우엔 하나의 충격만으로도 멸종에 가까운 위기를 맞을 수 있기
때문이다. 앞서 지적한 치타의 경우처럼 말이다.

10년쯤 뒤 캐번디시에 비해 당도가 떨어지는(어쩌면 훨씬 떨어지는) 세 번째 종의 바나나가 우리 식탁에 오를지도 모른다. 바나나 역시 앞서 거론한 넙치 폐사나 조류독감의 희생양이 되는 축산 농가의 닭처럼 자연 선택이 아닌 인간의 이기심이 초래한 명백한 '인재(人災)'로 기억될 것이다.

인재로 보자면 바나나와 넙치, 닭만 그런 게 아니다.

지금부터 약 170년 전 발생한 아일랜드 대기근(大飢饉)에 대해 들어봤는가?

19세기에 발생한 인류의 가장 참혹한 재앙으로 기록되고 있는 이 기근은, 1845년부터 1852년까지 아일랜드에서 일어났다. 감자 잎이 말라비틀어지는 '감자잎마름병(blight)'이 아일랜드 전역을 덮치면서 급기야 모든 감자가 죽었다.

감자는 당시 아일랜드인의 주식이었다. 주식이 전염병으로 사라지자 아일랜드인은 하나둘 굶어 죽기 시작했다. 전체 인구 800만 명 가운데 200만 명이 죽었다. 먹을 게 없던 사람들은 나무껍질 같은 것을 먹으면서 연명했으나 역부족이었다. 또 이를 피해 200만 명은 해외로 이주하게 되는데 그 절반가량은 도중 영양실조, 전염병 등으로 육지를 밟아보지도 못한 채 참혹하게 삶을 마감했다.

대기근은 감자잎마름병이 일부 원인이었고 가장 큰 원인은 영국인 지

주들의 착취 때문에 일어났다는 주장이 힘을 얻고 있으나, 유전적 다양성을 무시한 인재란 사실도 외면하기 힘든 진실이다.

당시 아일랜드인은 지속적으로 감자 품종을 개량했다. 동일한 유전자를 가진 감자, 즉 한 가지 감자 품종만 재배했던 것이다. 그런데 이게 화근이 됐다.

유전적 다양성이 부족한 감자는 외부의 환경 변화에 대응할 능력이 급격히 떨어졌다. 유전적 다양성을 약화시킨 인간의 욕망이 부른 초특급 재앙이었다. 명심하라, 꿈엔 악몽도 존재한다는 사실을.

유전적 다양성 결여는
비단 치타와 바나나만의 문제가 아니다.
바로 우리 일상에서도
수시로 목격하는 장면이다.

국가로서 한국은 이번 주 사라진다?

대한민국에 들이닥칠 운명

제2차 세계대전 이후 벌써 183개의 국가가 지구상에서 사라졌다.
오늘날 지구상에 존재하는 국가 수만큼 국가가 소멸한 거다. 그게 세계 현실이다.

츠키오 요시오(月尾嘉男, 도쿄 대학 명예교수)

KOREA AS A NATION TO END THIS WEEK

Its Emperor Agrees to a Convention Giving Absolute Control to Japan.

NO DISTURBANCE EXPECTED

Country Thoroughly Policed—Koreans at Present Know Nothing of What Is About to Happen.

TOKIO, Aug. 21.—Within a week the Hermit Kingdom " and the " Empire of Korea " will become historical terms, 12,000,000 persons will be added to the population of Japan, and territory as large as England will become part of the Japanese Emperor's dominions.

A clause of the treaty of Portsmouth, which ended the war between Japan and Russia, reads that Japan shall have the " guidance, protection, and control " of Korea, and the last stage of this agreement is now becoming an actuality, after three years of experimenting to discover a practical method of conserving the national entity of the Korean Peninsula.

The Privy Council of Japan was to-day summoned to meet at 10:30 o'clock to-morrow morning, and this is regarded by well-informed persons as practically the signal to complete the negotiations between Lieut. Gen. Viscount Terauchi, the Japanese Resident General in Korea, and the Emperor of Korea and his Cabinet, which negotiations have continued for a full week.

While the entire negotiations are shrouded in absolute official silence, there can no longer be any doubt that the Korean Emperor has agreed to sign a convention by which, in view of the untenable conditions prevailing, he and his Government and people consent to the absolute control of Korea by the Emperor and Government of Japan.

To-night extra editions of the newspapers say that the convention has already been signed, but, whether or not this be so, some announcement is expected shortly after the meeting to-morrow of the Privy Council. This will include the official proclamation of the conclusion of the convention of annexation, unless all the prognostications of well-informed persons are incorrect.

The Yi dynasty in Korea has lasted for 518 years. Seven branches of the family remain, and the heads of these will all receive rank as Princes. A number of other Korean officials will be elevated to the Japanese nobility.

Throughout the negotiations the mass of the Koreans have been kept in entire ignorance of what has been going on. The newspaper censorship is complete, and the sale of Japanese newspapers in Korea has not been permitted.

It is not believed, however, that annexation by Japan will involve disturbances in any section of Korea, which is thoroughly policed. Certainly the Court and Cabinet officials in the peninsula are quite complacent.

The vast majority of the people of Korea realize that conditions in their country will be improved by annexation, and it will be impossible for the malcontents to arouse sufficient feeling to create uprisings.

The general belief is that Viscount Terauchi is prepared to give a practical demonstration of Japan's desire to help the Koreans.

"나라로서 한국은 이번 주가 종말!"

1910년 8월 22일자,《뉴욕타임스》에 실린 일본의 한국 강제 병합 소식 큰 제목이다.

"통치권을 일본에 이양하는 조약에 황제가 동의하다", "어떤 소요도 예상되지 않는다", "경찰의 철저한 통제로 한국인은 현재 무슨 일이 벌어지는지 아무것도 모른다"와 같은 서글프고 안타까운 소제목들이 뒤따른다.

이어 기사 본문은 참담한 내용으로 시작된다.

"일주일 안에 '은둔의 왕국(Hermit Kingdom)'과 '대한제국(Empire of Korea)'은 역사적 용어가 되고, 1,200만 인구는 일본에 더해지면서 잉글랜드 크기의 영토가 일본 제국의 한 부분이 된다."

그로부터 100년이 지난 현재, 대한민국은 또다시 위기 상황에 직면하고 있다. 지난 위기가 세상 물정에 어두운 무지와 몽매에서 비롯되었다면, 현재는 의도된 획일성에다가 과도한 편식, 극단적 쏠림에서 야기되고 있다.

걸 그룹의 화려한 무대가 생각나는 까닭?

수능 만점자는 어느 대학 무슨 과로 갔을까?

2016학년도 수능 만점자 16명 전원(인문 9명, 자연 7명)은 서울대에 합격했다. 수시 합격자가 6명, 정시 합격자가 10명이었다.

그 가운데 자연계열 7명 학생은 모두 서울대 의예과에 합격했다. 이른바 최우수 이공계 인재가 서울대, 그것도 '의대'로만 몰렸다. 공대나 자연대에 지원한 수능 만점자는 한 명도 없었다.

근래 입시에서 의대 인기가 주춤하고 공대가 약진했다는 설문 조사도 있었는데, 정작 뚜껑을 열고 보니 사실이 아니었다. 서울대 입학 포기자 40%는 공대 합격생이었다. 한 나라의 미래는 그 나라의 젊은이들에게 달려 있다고 하는데, 미래를 생각하니 씁쓸함을 넘어 재앙 수준의 우려로 바뀐다.

의대로 진학하기만 하면, 막말로 '인생 다 보장된 듯한' 사회 분위기는 비단 어제오늘만의 얘기가 아니다.

"의대에 가라."

영화 〈동주〉에서 아버지는 시인(아들)에게 그렇게 다그친다. "죽는 날까지 하늘을 우러러 한 점 부끄럼이 없기를…" 지금으로부터 80년 전에 〈서시(序詩)〉의 주인공은 아버지와 할아버지로부터 실제 그런 선택을 강요받았다.

"대학 유학생들은 이공계보다는 법학, 정치학, 사회학 등 인문사회 계통 학문을 선호했다. 관료, 변호사로 진출할 길을 모색했기 때문이다(《100년 전의 한국사》 중에서)." 일제 식민지 시절 한국인의 고등교육 역시 현재와 크게 다르지 않았다.

그런 오랜 관행에 누가 과연 손가락질을 할 수 있겠는가! 강다짐으로 한다고 생각이 바뀌는 건 아니다. 균형적 인재 양성이란 공익적 차원에선 우려할 수 있을지언정 스스로는 가장 만족스럽고 합리적인 선택을 했을 뿐이다.

다만, 출세든 행복이든 그에 이르는 경로가 지나치게 편협하고 획일적이라는 게 문제다. 우리나라에서 직업 선택과 장래 목표(생각)의 다양성은 좁아도 너무 좁다. 이는 결국 생각의 쏠림이란 악순환으로 이어져 국가 경쟁력 저하로 귀착될 수 있다.

탁월한 두뇌와 창의력을 살려 우리나라를 세계 최상의 창의·혁신 국가로 만들어가야 할 최고 인재들이 십여 년 뒤 일반 장사꾼과 별반 다를 바 없는 일에 자신의 꿈을 건다는 게 사위스럽다. 의료가 이젠 돈벌이 수단으로 전락했다는 생각 때문이다.

지금껏 성공한 전략도 필요하면 과감히 갈아엎어야 하는 시대다. 빅데이터와 인공지능(AI), 사물인터넷(IoT)의 진보에 맞춰 직업 사이클이 요동치고 있다. 21세기 전반엔 의학·나노 기술의 발전으로 질병이 정복돼 의사란 직업이 사라질 거란 주장이 나오는 상황이다. 더해 인공지능 전문가들은 "의대에는 절대 가지 말라"며 "10년 뒤 인턴·레지던트까지 마치면 '정신과' 정도만 살아남을 것이라고 입을 모은다. 미증유(未曾有)의 고도화된 새로운 문명이 전개되고 있는데, 우리 생각은 여전히 '닥치고 의대' 수준에 딱 멈춰 서 있다.

인기 절정의 걸 그룹이 대학 축제에 초대받았다. 마침내 그들의 화려하고 열정적 퍼포먼스가 무대 위 불꽃쇼와 함께 시작된다. 걸 그룹은 욕망의 결정체다. 탄탄한 복근과 섹시한 각선미로 청춘들을 사로잡자 그 사이에선 "아아아~악!" 하고 연신 비명이 터져 나온다.

급기야 맨 앞줄 학생들이 더 이상 못 참겠다는 듯이 벌떡 일어나 음악에 맞춰 신나게 몸을 이리저리 흔들어댄다. 이에 질세라 그 뒷좌석 학생들도 따라 일어선다. 또 그 뒷좌석 학생들도 일어서게 되고, 또 그 뒷좌석 학생들도…. 결국 모든 학생들이 일어섰다. 아니 일어설 수밖에 없었다.

그냥 조용히 앉아 걸 그룹의 공연을 감상하고 싶어도, 눈앞에 보이는 건 격하게 흔들고 실룩거리는 학생들의 팔과 몸통, 엉덩이뿐이니 일어서지 않고 배겨낼 방법이 있겠는가. 사회자의 반 강제적 지시에 각자 자리로 돌아가 앉거나, 학생들 스스로 자리에 앉지 않는 이상 공연이 종료될 때까지 모두 서 있어야 하는 불편함을 감수해야 한다.

작금의 입시와 취업을 위해 사교육과 스펙 쌓기에 '올인'하는 우리 사회 모습이 딱 이렇다. 모두가 속칭 SKY 대학에 들어가고 삼성전자나 현대자동차에 입사할 수 있다면 문제는 단숨에 해결될 수 있지만 현실은 그렇지 못하다.

결국 우리 교육 문제는 도무지 해법이 없다는

자조 섞인 넋두리만이 허공에 울린다. 불확실한 미래에 최소한이라도 응답하기 위해선 교육 개혁이 시급히 이뤄져야 한다. "나는 개떡같이 얘기해도, 넌 찰떡같이 알아들어라"면 누가 정부 정책을 신뢰하겠는가. 구세주에게 매달려야 할 만큼 절박한 상황이다.

밥만 축내는 인간

한국 학생들은 하루 10시간 이상을 학교와 학원에서 자신들이 살아갈 미래에 필요치 않을 지식을, 게다가 존재하지도 않을 직업을 위해 귀중한 시간을 허비하고 있다.

이제 고인이 된 미래학자 앨빈 토플러는 오래전 그렇게 우리 교육계를 헤집어놓았다. 꽤나 시간이 흘렀음에도 토플러가 교육계에 던진 메시지는 여전히 우리를 아리고 아프게 한다.

한 나라 미래는 교육에 달려 있거늘 언제까지 창의력을 말살하는 붕어빵식의 획일적 교육만 할 거냐는 말이다. 얼마나 시간이 흘러야 병이 치유될까! 치유되기는 할까?

《사피엔스》 저자인 유발 하라리(이스라엘 히브리대 교수)의 주장은 더욱 충격적이다.

고용 구조가 어떻게 변할지 예측할 수 없어 오늘날 태어나는 아이들에게 교육과 직업훈련이란 사실상 무의미하다. 현재 학교에서 아이들에게 가르치는 내용의 80~90%는 이 아이들이 40대가 됐을 때 전혀 쓸모없을 확률이 크다.

그는 30년 안에 직업 50%가 사라질 거란 주장과 함께 '2050년엔 70억 명이 밥만 축내는 존재'로 전락할 가능성이 크다고도 경고했다. 세계경제포럼(WEF)은 올해 초등학교 입학생의 65%가 현재 존재하지 않는 직업을 갖게 될 걸로 내다봤다.

지식 '반감기'도 점차 빨라지고 있다. 작년에 익힌 새로운 지식은 금년엔 절반의 효용밖엔 없고, 내년엔 4분의 1, 내후년엔 8분의 1로 줄어든다. 허망하게도 아무짝에도 쓸모가 없는 지식이 돼버린다. 이런 판국에 우린 무엇을 준비하고 있는가?

아이들의 각종 창의·탐구 대회는 학부모 경연장으로 변질된 지 오래다. 소위 '돼지엄마(헬리콥터맘)'가 장문의 보고서를 쓰는 동안 아이는 학교 끝나기가 무섭게 학원으로 달려간다. 학원이 끝나면 과외, 독서실로 이어진다. 독서를 하고 토론을 벌이고 생각을 할 시간이 있어야 창의력도 길러지는데, 이건 아니다. 또 한편에선 사교육(자본의 위력)에 좌우되는 학생 실력에 절망한다.

더 안타까운 건 모든 학생이 공부로만 성공할 것처럼 커리큘럼이 짜이는 고색창연한 교육이 이뤄진다는 사실이다. 지력(IQ)보다 창의력이나 감성, 인성 등이 더 필요한 영역에서도 오직 지력이란 잣대 하나로 한 줄 세우기를 강요한다.

고차원의 지적 훈련이 불필요하거나 관심사가 전혀 다른 아이까지 "머리는 좋은데 공부를 안 해서"라는 철썩 같은 부모의 믿음으로 전원 입시 전쟁에 내몰린다. 정규분포로 보자면, 우수한 사람이 5%, 그 반대쪽에 있는 사람이 5%는 늘 있게 마련인데 말이다.

"잘 성장했다는 건 오늘날 큰 결점이다. 그건 한 사람을 너무 많은 걸로부터 배제시켰다는 의미다"라는 극작가 오스카 와일드의 지적이 우리나라처럼 잘 들어맞는 국가도 없다.

하워드 가드너는 다중지능이론(multiple intelligences theory)을 통해 "누구나 타고난 재능이 있다. 다만, 그게 사람마다 서로 다를 뿐이다"고 지적했다. 세상엔 노래 잘 하는 이도 있고, 춤 잘 추는 이도 있다. 그런데 노래 잘 하는 사람에게 춤 못 춘다고 야단치고, 춤 잘 추는 사람에게 노래 못한다고 꾸짖는다면 어떻게 될까?

또 천편일률적인 틀 안에 갇혀 살지 않으면 한소리 크게 듣는다.

"다들 이렇게 하고 있는데, 왜 너만 그러니?"

라고 따지듯 추궁하는 사회(교육계)가 바로 대한민국이다. 순응하지 않으면 특이(괴상)한 아이로 취급받는다. 남과 다르게 생각하고 행동하면 위험하고 통제 불가능한 학생으로 간주되는 사회다. 이러니 교육이 창의력을 죽인다는 얘기가 나온다.

　우리의 획일화된 교육 시스템은 근면, 성실, 인내의 소중함을 가르칠 수 있으나 오늘날 생존에 가장 필요한 다양성과 자율성, 창의력을 발굴하거나 키울 기회는 잃게 된다. 배운다는 것은 물을 거슬러 올라가는 것처럼 격정적이어야 하는데, 이건 아니다.

획일성, 반도(半島)의 실수

애써 대학 들어가 봐야 지성과 낭만으로 가득한 캠퍼스는 유물이 된 지 오래다. 오로지 생존 논리가 지배하는 가혹한 공간일 뿐! 전공 서적 대신 토익과 삼성직무적성검사 기출문제집이 도서관 책상 위를 채운다. 입에 선 단내가 나고, 눈은 늘 빨갛게 충혈되어 있다. 고단함이 곳곳에서 묻어난다.

　그렇게 4년 내내 비좁은 닭장 속에 자신을 몰아넣고 사육당한 결과 토익 고득점과 컴퓨터, 한자 능력 등 각종 자격증에다가 공모전 입상, 대기업 인턴 경험 정도가 갖춰진다. 요즘엔 '인생 스토리'가 필요하다는 말 때문에 스펙을 뻥튀기하고, 사교성을 부각시키고자 '웃음 지도사', '파티 플래너' 등과 같은 이색 자격증에까지 팔을 뻗는다.

　단군 이래 최고의 실력과 스펙으로 무장한 세대라곤 하나 실상은 직무와 무관한 실속 없는 인스턴트 스펙뿐이다. 정작 기업은 '예쁘게 가공된

보석'보다 '창의력을 가진 원석'을 희망한다는데 말이다. 각종 시험도 실력 가늠보다 오답 유도에 초점이 옮겨가면서 본연의 기능을 잃고 있다. 고부가가치를 지닌 청춘들의 에너지 낭비가 이만저만한 게 아니다.

문화관광부 산하 한 공공기관의 입사 시험 논술 · 작문 문제를 내고 채점할 기회가 있었다. (중략) 세 문제를 출제한 뒤 그중 하나를 선택해 자유롭게 쓰도록 방식을 정했다.

1번 문제는 기존 관행대로 해당 조직의 현안에 관한 문제였다. '○○○제도에 당신의 평가와 대안을 쓰라'는 것이었다. 2번 문제는 '정말 좋아하는 일은 직업으로 하지 말라는 말이 있다. 이 주장에 대해 찬반 중 한쪽 입장을 정하고 200자 원고지 5장 안팎으로 쓰라'였다. 그리고 3번 문제는 '입사 시험에 떨어졌다는 통보를 받았다. 안타깝지만 이 사실을 어머니에게 알려야 한다. 200자 원고지 5장의 편지로 써볼 것'이었다.

충격은 채점을 하면서부터 시작됐다. 응시자 100여 명 중 2 · 3번 문제를 골라서 답을 쓴 사람은 단 한 명도 없었다(《조선일보》, 어수웅, 2013년 2월 20일자)

출제자가 문화 관련 기관인 만큼 좀 더 창의력이 풍부한 인재를 선발하자는 취지에서 문제를 냈지만, 수험생 중 누구 하나 이 문제를 선택하지 않았다는 푸념과 하소연이다.

　칼럼을 쓴 사람도 충격이라고 표현했지만, 이를 접한 필자 역시 큰 충격을 받았다. 오늘날 우리 사회 어느 곳에서도 창의력, 창의성, 창조력 운운하지 않는 조직은 없다. 정부 모토도 '창조경제'다. 그럼에도 여전히 창의력은 입에서만 맴도는 '허구어(虛構語)'일 뿐, 사회 중추 역할을 해야 할 젊은이들에겐 제대로 수용·인지되지 않고 있다. 그 계발은 진정 백년하청(百年河淸)이란 말인가!

　물론 수험생에게 1번 문제는 예상된 거라 답하기 쉬운 반면, 자신의 생각을 창의적으로 언급해야 하는 2·3번 문제는 까다로웠을 수 있다. 다만, 생각을 창의적으로 표현할 힘이 부족해 수험생 전원이 이 문제를 피해갔다면, 이는 여간 큰일이 아니다. 정답이 존재하는 시스템에선 우등생이지만, 창의적 사고가 요구되는 벌판에선 열등생이 될 수밖에 없다. 정답만 찾는 교육을 넘어 다양한 해결책을 모색하는 '확산적 사고(divergent thinking)'가 교육 목표가 돼야 한다.

　일찍이 아일랜드 시인 윌리엄 버틀러 예이츠는 말했다.

　"교육이란 지식을 채우는 것은 아니라 학문에 대한 열정에 불을 지피는 일이다(Education is not the filling of a pail but the lighting of a fire)."

　교육은 단순히 양동이에 물을 퍼 담듯이 채우는 데 급급한 게 아닌, 학생들이 자신의 목표를 향해 나아가도록 강렬한 동기 부여를 하는 것임을 지적한 말이다. 또 학교는 기계적이고 획일적인 '통조림 교육'으로 단순 지식을 주입시키고 반복 학습을 통해 실수 안 하는 법을 알려주는 장소가 아닌, 학생들의 꿈을 키워주고 개성을 살려나가는 다양성과 창의력의 장이 돼야 한다는 주장이 아닐까. 한마디로 파충류를 영장류로 만드는 작업이 교육인데, 우린 여전히 파충류만 양산하고 있다.

우리 아이들 모두 똑같은 사고방식을 주입받고 똑같이 사고하는 이들과 어울린다면, 가까운 미래에 우리 사회엔 열성 유전자만 축적돼 생존마저 위협받을 수 있다. 교육의 근친교배, 생각만 해도 살 떨리고 끔찍하다.

취업 준비생 절반은 '공시족(公試族)'이다. 실제로 2016년 9급 국가 공무원 공채에 22만 1,853명이 몰려 1949년 9급 공채를 첫 시행한 이래 최대 규모였다. 그 결과 경쟁률은 54대 1, 행정직만 놓고 보면 무려 405대 1로 살인적이다.

한쪽으로 쏠려도 너무 쏠렸다. 공무원이 될 수 있는 사람은 단 4,120명에 불과한데 말이다. 그런 수요를 모두 만족시키려면, 전 국민의 공무원화 외엔 뾰족한 대안이 없다. 게다가 '취준생' 3분의 2가량은 노동시장을 경험한 적이 없다고 한다. 졸업 후에도 여전히 부모의 재력을 빌려 시험을 준비한다는 얘기다.

적어도 일정 수준 이상 능력을 지닌 인재라면, 좀 더 창의력을 요구하는 분야에서 그에 걸맞은 능력을 발휘하는 나라가 미래 경쟁에서 승리할 수 있다. 젊은이다운 창의력과 투지를 발휘해 새로운 길을 모색해야 옳지 않을까!

공무원을 가장 원하는 까닭은 뭘까? 그건 이른바 '철밥통'으로 불리는 '안정적'이라는 이유에서다. 그러나 국가적으론 그런 사람을 뽑으면 안 된다. 본인이 아니라 국민이 안정적으로 살도록 하겠다는 사람을 뽑아야 옳다. 그게 공복(公僕)이란 공무원의 첫째 소임은 아닐까!

이웃집 아이가 바이올린 학원을 다니면 우리 집 아이도 그 학원에 보내야 한다. 또 같은 반 친구가 고액의 수학 학원에 가면 우리 아이도 그 학원에 보낸다. 안 그러면 왠지 속이 개운치 않다. 그러다 보니 수입 대비 과도한 자녀 교육비 지출로 '에듀푸어'를 양산하는 사회가 됐다. 또래 집단에 생각의 틀을 맞추려는 조바심이 다양성을 훼손하고 쏠림 현상으로 이어진다. 보편적으로 사람은 '셀러브리티'를 추종한다지만, 대한민국의 증상은 너무나도 심각하다.

기업도 그렇다. 창의력이나 업무 능력이 뛰어난 인재도 좋지만, 협조적이고 충성심 높은 인재에게 애정이 간다고 공공연히 말한다. 한마디로 스타 플레이어보다는 충성도 높고 조직에 적응을 잘하는 인재가 좋다는 거다. 또 직원 스스로도 생각이 상사와 '다르다'는 사실을 '틀리다'로 지레 짐작해버린다.

내 생각이 남다르다는 걸 입증하고자, 네 생각이 틀렸다는 걸 우선 입증해야 한다면, 그건 절망 사회다. 생각이 다른 건 너무도 자연스러운 게 아닌가? 생각이 모두 같다면 되레 그게 비정상이고 위험한 사회다.

어쩜 우린 강의 시간에 30분 지각한 학생처럼 '전체 맥락', 즉 큰 흐름을 놓치고 있는지도 모른다. 한 줄로 세우기의 획일성에서 여러 줄 세우기의 다양성으로 조속히 전환될 때다. 생각하는 힘을 기르는 교육이 절실하다. 긴장하라, 머잖아 '획일성의 저주'에 힘겨워할 날이 멀지 않았다.

한국인, 취미는 왜 딱 2가지뿐?

우리나라 성인들의 취미는 두 가지뿐이다.

골프 아니면 등산이다. 확실한 근거를 가지고 있다. 밴드나 카톡의 프로필 사진이 그 증거다. 푸른 잔디를 배경으로 골프채를 땅에 짚고 찍은 장면이거나 산을 배경으로 한 아웃도어 패션(검은 선글라스)이 대세다.

자영업에도 다양성이라곤 찾을 길 없다.

언제부터 그렇게 치킨을 뜯고 커피를 마시며 전화질을 해댔는가? 주변엔 온통 치킨집과 커피 전문점, 통신사 대리점이 난무한다. 진입 장벽이 낮다는 건 알겠지만 그래도 너무 지나치다. 덕분에 한국은 OECD 국가 중에서 자영업자 비중이 가장 높은 나라가 됐다.

특히, 치킨집은 전 세계 맥도날드의 매장 수보다 많다고 한다. 그로 인해 연간 9억 마리의 닭이 도축되며, 한 밤중에 시켜 먹는 바삭한 치킨을 소위 '치느님'(하느님 같은 거룩한 존재)이라 부르는 대한민국은 누가 뭐래도 '치킨 공화국'이다.

1, 2, 3등급은 치킨을 시키고,
4, 5, 6등급은 치킨을 튀기고,
7, 8, 9등급은 치킨을 배달한다.

한 고등학생이 만든 자조 섞인 명언(?)이다. 오죽했으면 이런 말이 나왔을까. 뭐 하나 좀 잘된다 싶으면 우르르 떼거리로 뛰어들어 매달린다. 서로 '치킨 게임'을 벌이다가 결국엔 1~9등급 모두 공멸하는 일이 한둘이 아니다.

'허니○○칩'이 이슈가 된 이후 과자 시장엔 모든 과자가 '허니'를 뒤집어쓰고 출시됐다. 라면 시장도 그렇다. 하얀 국물이 대세라고 하자 일제히 하얀 국물 라면을 출시했다. 그다음엔 짬뽕 라면이 뜨니 온통 '○○짬뽕' 천국이다. 맛뿐만 아니라 디자인까지도 비슷하게 만들어 착각을 일으킨다. '미투(me too)' 문화의 폐해다.

패션도 예외가 아니다.

모습이 희한하다. 주말 관악산을 올라보면 거의 똑같은 패턴의 아웃도어 행렬과 만난다. 울긋불긋 그 행렬은 사당역에서부터 시작된다. 한때 중고생의 비공식 교복(?)이었던 '○○페이스' 복장과도 장면이 겹친다. 아무튼 천편일률적인 스타일을 보고 있노라면 몰개성과 획일성에 입이 다물어지지 않는다.

이제 아웃도어 패션은 등산복만이 아니라 일상복(길거리 패션), 작업복, 여행복으로까지 자리매김했다. 개성을 살린 자기만의 복장은 대체 어디로 간 건지 아무리 생각해도 이건 좀 아니다 싶다.

눈앞 상황만 살피는 찰나적 사업관

우리나라 산업계는 어떤가?

삼성전자와 현대자동차 두 회사밖엔 안 보인다. 실제로 투자를 크게 늘리는 곳은 이 두 군데뿐이다. 제아무리 잘나가는 기업이라 하더라도 두 회사가 만들어내는 일자리엔 한계가 있는 법! 이러다가 두 회사가 감기 걸리면 대한민국은 폐렴으로 병원 입원 신세를 면치 못할 것이다.

기업 경영에도 다양성이 내포하는 가치는 소중하다. 흔히 삼성의 위기를 논할 때, 삼성전자가 그룹에서 차지하는 비중이 지나치게 높고, 또 삼성전자는 반도체와 스마트폰 사업의 비중이 너무 높다는 지적이다.

10년째 그대로인 한국 10대 수출 품목		
순위	2005년	2015년
1	전기기기와 부품	전기기기와 부품
2	원자로 등 기계류	차량 및 부품
3	차량 및 부품	원자로 등 기계류
4	선박과 수상 구조물	선박과 수상 구조물
5	광물성 연료, 광물유	광물성 연료, 광물유
6	플라스틱 제품	광학기기
7	철강	플라스틱 제품
8	광학기기	철강
9	유기화학품	유기화학품
10	철강제품	철강제품

출처 : 산업통상자원부.

자동차 업계는 어떨까?

중대형에다 SUV 아니면 외제차다. 경차를 사고 싶어도 지나치게 모델이 한정돼 선택의 여지가 거의 없다. 참고로 이웃 일본은 3대 중 1대가 경차다. 국내 판매 차량의 다수는 디젤차다. 여기서 배출되는 초미세먼지는 중국 본토에서 몰려온 오염 물질과 뒤섞이면서 매 순간 우리 몸속 폐를 공격해오고 있다. 공기질(air quality)은 전 세계 180개국 중 최하위권인 173위로 조사됐다.

수출로 먹고사는 나라 대한민국! 그러니 수출에 대한 진단이 빠져선 안 된다.

국내총생산(GDP) 대비 수출 비율은 60%에 육박한다. 이 비율은 세계 최고 수준(중국 27%, 일본 15%, 미국 14%)이다. 그 주역은 대기업으로 82%를 담당한다. 중소기업은 고용의 88%, 부가가치 생산액 비중은 47%에 이르지만 수출 비중은 17.1%에 불과하다(《한국경제신문》, 2015년 12월 8일자). 수출이 대기업에 편중돼 있어 한국형 히든 챔피언(강소 기업) 육성은 물론 수출 품목의 다변화도 지난하다.

수출 품목도 짚어보자.

10대 수출 품목은 자동차, 선박, 반도체, 휴대폰, 디스플레이, 자동차 부품, 화학 가공 제품, 석유 제품, 기계류, 철강 등이다. 총수출에서 10대 품목의 비중은 2004년 68%였으나 2014년엔 78.1%로 10% 포인트 넘게 상승해 '편식'을 보여준다. 급변하는 환경에서 판박이 '관성'을 버리지 못하면서 고부가가치 신성장 분야에 대한 투자 기회를 상실했다. 특히 10대 품목 가운데 조선, 철강은 이미 위기에 몰려 있고, 휴대폰은 성장 정체기에 접어들었다. 경쟁자가 누군지도 모를 정도로 모든 분야에서 판이 바뀌고 있다. 화장이 아닌 내장을 헤집는 대수술이 필요하다.

수출 국가는 어떨까?

경쟁국의 수출 지역이 다변화하고 있는 것과 달리 한국의 수출 지역 집중도는 갈수록 심화되고 있다. 한국의 수출 상위 10개국 비중은 2005년 65.5%에서 2015년 66.7%로 높아졌다. 특히, 이 과정에서 우리 경제의

'중국 쏠림'이 새로운 리스크로 부각되고 있다. 대중 수출 의존도는 2001 년 10.7%에서 2015년 26%로 확대됐다. 이는 중국발 위기나 한중 관계의 불확실성 등으로 인해 우리 경제가 치명타를 입을 수 있고, 국제 정치에서 운신의 폭이 크게 좁아질 수 있다. 경고는 늘 현실이 됐다.

저출산과 고령 사회 스트레스에다가 인공지능·사물인터넷·3D프린팅 등으로 대표되는 제4차 산업혁명까지 맞이하게 된 우리 경제가 이제 수출 절벽이란 리스크를 하나 더 짊어지게 됐다. 외부 변화가 내부 변화보다 크고 빠르다면, 종말은 아주 가까운 곳에 있다. 남겨진 시간이 그리 많지 않다.

원론적 얘기다. 다양한 산업(제품) 라인업을 구축해 '현금 젖소(주요 수입원의 품목)'와 '별(성장세가 큰 품목)' 그리고 '물음표(현재 미지수인 품목)'와 '문제아(퇴출시킬 품목)'을 골고루 갖춰 기업과 산업 나아가 국가의 안정성을 꾀해야 한다. '계란을 한 바구니에 담지 말라'는 격언과 맥락을 같이한다.

언제까지나 개인과 사회, 국가가 신선한 달걀로 남을 순 없다. 일찍이 '생자필멸(生者必滅) 국가필망(國家必亡)'이라고 그랬다. 병아리로 부화되든 곪아 터지든 선택은 두 가지다. 그렇다면 다양한 생각과 개성을 가진 병아리로 거듭나야 옳다.

한편으로 연구개발(R&D)과 같은 창의적 활동엔 '다양성' 확보가 급선무이자 필수적이다. 그럼에도 현실에선 '조화'나 '균질성'이 중요하게 다뤄진다. 또한 '선택과 집중'이란 측면에서도 다양성이 경시되는 경우가 다반사다.

로마제국의 흥망사인 《로마인 이야기》의 저자로 유명한 시오노 나나미. 부적절한 일본군 위안부 발언으로 우리와 서먹서먹한 관계가 됐지만, 천년 제국 로마에 관한 방대한 내용을 취재하고 정리해 엮은 그녀의 디테일과 통찰력만큼은 인정하지 않을 수 없다.

지성에선 그리스인보다 못하고,
체력으론 켈트인이나 게르만인보다 못하며,
기술력에선 에트루리아인보다 못하고,
경제력에선 카르타고인보다 뒤떨어지는,

로마인들이 그토록 오랫동안 번영할 수 있었던 '가장 중요한 이유는 뭐였을까?' 하는 물음을 그녀는 서문에서 던지고 있다. 그러곤 타 민족에 대한 개방성(관용)과 유연성 때문이라고 답한다.

즉, 다양한 생각과 문화를 포용할 수 있었기에 로마 사회가 건강해졌다는 주장이다. 한때 강대국이었으나 곧 멸망해버린 수많은 제국과는 달리 로마는 남을 배척하지 않고 인종과 종교를 넘어서는 정치와 사회 구조를 만들었다. 심지어는 식민지 문화와 종교까지도 수용하면서 다양한 인재를 골고루 기용했다. 그런 점이 찬란한 문화를 오랫동안 지속할 수 있게 만든 로마제국의 원동력이었다. 인류 역사상 최대 제국이라 불리는 몽골 제국 또한 그랬다.

20세기에서 21세기로 넘어오는 최근 20년 동안, 혁명에 가까운 변화가 모든 분야에 걸쳐 휘몰아치고 있다. 그런 변화에 다양성을 극대화하고 살려나가는 것 외에 우리의 생존법이 존재할까?

꽃도 부끄러워하고 달도 숨을 몸매란?

"이 세상, 날씬한 것들은 가라. 곧 뚱뚱한 자들의 시대가 오리니. 먹어라, 네 시작은 비쩍 곯았으나 끝은 비대하리라! 먹다 지쳐 잠이 들면 축복을 받으리니, 여러분! 먹습니까~?"(KBS 〈개그콘서트〉에 출연한 캐릭터 중 하나인 '출산드라'의 고정 멘트)

완벽한 몸매(perfect body)의 기준이란 게 있을까? 존재한다면 어떤 걸까, 무척 궁금하다.

남성이 선호하는 여성의 얼굴과 체형은 또 어떨까? 혹 어딘가 부족하다 싶으면 대체 어디를 뜯어 고쳐야 선호도가 더 높아질까?

매일 아침 거울 속에 비친 자신의 모습을 보며 한 번쯤 그런 고민을 해보지 않은 여성이 과연 있기는 할는지?

속옷 차림의 한 여성 사진이 보인다.

어떤가?

평소 당신이 그리던 이상적인 여성 모습인가?

이 책을 읽는 독자 다수는 '아니오'라고 답했을 게다. 물론 그 이유를 잘

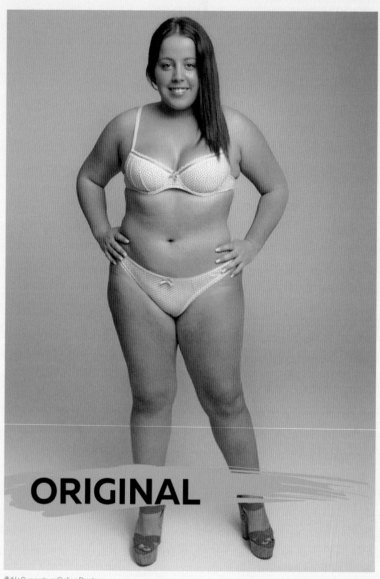

ORIGINAL

출처 : Superdrug Online Doctor,

알고 있다. 얼굴은 그런대로 봐줄 만한데 너무 살이 쪘다는 거다. 특히 달라붙은 허벅지는 못 봐주겠다고?

그렇게 단정 지을 수 있는 건 당신이 한국인이기에 여성들의 아름다움에 대한 인식 기준이 나와 크게 다르지 않아서다. 물론 여성의 외형(취향)에 관한 세세한 부분은 다를 수 있지만, 전체적으로 미를 인식하고 판단하는 잣대는 대동소이하다고 생각한다.

그럼, 아름다움에 대한 기준을 전 세계적으로 확대해보자.

세계적으로 통용되는 미(美)의 절대 기준은 뭘까? 해마다 미스 유니버스나 미스 월드와 같은 대회가 세계를 돌면서 열리는 걸 보면, 어느 정도 글로벌 기준이 있을 법도 하다.

언뜻 미의 절대 기준처럼 여겨지는 쌍꺼풀의 큰 눈과 오똑한 콧날, 갸름한 얼굴에 팔등신의 늘씬한 키와 긴 팔다리, 풍만한 엉덩이와 가슴이 소위 S라인을 이루는 쭉쭉빵빵. 이런 게 절대미의 기준일까?

가령 그게 미의 절대 기준이 된다면, 미에 대한 다양성은 나라나 문화별로 크게 차이 나지 않는다는 말로도 해석될 수 있다. 그런 의문에 의미심장한 답변을 해주는 게 있다.

영국 온라인 처방 조제 약국인 슈퍼드러그 온라인 닥터(Superdrug Online Doctor)는 완벽함에 대한 인식(Perceptions of Perfection) 프로젝트를 통해 아름다움에 대한 나라별 기준을 이해하고 어떻게 다른지 찾아내려 했다.

앞서 보여준 속옷 차림의 여성 사진(오리지널)을 5대륙 18개국의 프리랜서 그래픽 디자이너에게 보낸 뒤 이런 요청을 했다.

"포토샵을 활용해 당신 나라에서 가장 이상적이라고 볼 수 있는 여성 모습으로 사진을 변형시켜 다시 보내달라."

각국 디자이너는 여성의 허리 사이즈를 비롯해 머리카락 색깔과 신발 등에 이르기까지 자국에서 이상적으로 여겨지는 형태로 오리지널 사진을 가공했다.

자, 어떤 결과가 나왔을까? 결과는 자못 놀라웠다.

디자이너들은 포토샵으로 허리선과 체형, 가슴 크기, 엉덩이 사이즈, 다리 길이, 머리카락 색 등을 모두 그 나라의 기준에 맞게 변형시켰는데, 그 정도와 기준은 나라마다 크게 달랐다. 그간 우리가 보아온 미스 유니버스나 미스 월드에 등장하는 여성들과는 완전 딴판이었다. 이럴 거면 미인 대회를 왜 여는지 모를 정도다.

중국이나 필리핀과 같은 아시아권과 이탈리아가 눈에 띄게 얇은 팔다리와 잘록한 허리로 마른 체형을 선호했다. 우리나라는 조사 대상에 포함되지 않았으나 이들 국가들과 가까운 체형을 선호할 걸로 생각된다.

반면, 콜롬비아를 비롯해 멕시코, 페루, 루마니아, 스페인 등은 육감적인 몸매와 굴곡진 허리로 늘씬한 것보단 통통한 체형을 아름다움의 기준

ARGENTINA · SOUTH AFRICA · VENEZUELA · SPAIN · USA · CHINA · COLOMBIA · PHILIPPINES · NETHERLANDS · U.K. · PERU · EGYPT · ROMANIA · ITALY · MEXICO · SYRIA

출처 : Superdrug Online Doctor.

으로 삼았다.

미국의 젊은 여성들 사이에선 허벅지 사이가 열려 있는(thigh gap) 것이 쿨(cool)하다고 하는데, 가공된 사진에서도 그렇게 표현돼 있었다. 또 이집트 경우는 잘록한 허리와 풍성한 엉덩이라는 두 비율 간에 큰 차이가 보였다.

나라마다 몸매는 물론이거니와 헤어스타일에도 꽤나 차이가 있었다. 다만, 흥미롭게도 긴 머리카락을 좋아하는 건 전 세계 공통적 현상이었다. 긴 생머리를 좋아하는 건, 청순해 보이고 여성스러워서 그런지도 모른다.

슈퍼드러그 온라인 닥터는 가공된 사진에 나타난 각국 몸매의 체중과 체질량지수(BMI)를 환산했다. 참고로 한국인은 BMI 18.5~22.9가 적정, 23~24.9는 과체중, 25 이상부터 비만으로 본다. 반면에 서구인은 BMI가 30 이상인 경우를 비만으로 본다.

이를 기준으로 판단할 때 중국 모델 몸매는 가장 마른 체형으로 그 무게는 46.3kg(신장 165cm 기준), BMI가 17.0으로 추정돼 거의 거식증에 가까운 수치였다. 한편으로 스페인은 체중이 가장 무거운 69.4kg이나 됐으며 BMI는 25.5로 추정돼 경도 비만이었다.

슈퍼드러그 온라인 닥터의 평가에 아무 문제가 없는 건 아니다. 눈치챘겠지만, 문제는 디자이너 한 사람이 과연 국가를 대표할 수 있는 아름다움의 평균적 잣대를 가지고 있느냐는 점이다. 국가별로 복수 디자이너가 참가했더라면, 더 객관적인 기준을 확보할 수 있지 않았을까 하는 아쉬움은 남는다.

아무튼 나라마다 서로 다른 미의 기준이 존재함을 간접적으로나마 확인할 수 있었는데, 의외로 건강한 체형이 아름다움의 이상적 몸매인 경우가 많았다. 나라나 문화, 가치관에 따라 다양한 아름다움이 존재한다는 것을 일깨워주는 유익한 실험이었다.

미의 기준은 시대에 따라 바뀌어왔다.

뉴스 및 엔터테인먼트 웹사이트 버즈피드(BuzzFeed)의 동영상 팀은, 고대 이집트부터 최근 2000년대까지 '이상적인 여성 체형 변천사(Women's Ideal Body Types Throughout History)' 영상을 만들어 화제를 불러일으켰다.

영상에선 시대를 나타내는 옷이나 액세서리를 제외하고 하얀 수영복 하나만 입은 여성들이 등장해 이상적 여성의 체형 변화를 보여주고 있다.

고대 이집트(기원전 1292~1069년)에서는 가냘픈 몸과 좁은 어깨, 높은 허리, 좌우 대칭 얼굴 등이 특징이다. 고대 그리스(기원전 500~300년)에서는 통통하고 풍성한 몸매, 밝은 피부를 가진 게 눈에 띈다.

중국 한 왕조 시대(기원전 206~서기 220년)엔 가는 허리, 창백한 피부, 큰 눈, 작은 발이 특징이다. 이탈리아 르네상스 시대(1400~1700년)엔 풍만한 가슴과 커다란 엉덩이 그리고 새하얀 피부를 가진 여성이었다. 루벤스(Rubens)의 그림(〈삼미신〉)에서도 풍만함이 확연하게 드러난다.

영국 빅토리아 왕조(1837~1901년)는 과하지 않은 풍만함과 큰 체격, 잘록한 허리가 가장 이상적 여성의 체형이었다.

20세기 급변기(1920년대)엔 납작한 가슴, 짧은 밥 헤어스타일, 남성적인 외모가, 할리우드 황금기(1930~1950년)엔 굴곡이 드러난 몸매, 모래시계 체형, 큰 가슴, 잘록한 허리의 여성이, 1960년대엔 키가 크고 가냘픈 몸매, 마른 체형, 길고 가는 다리, 미성년의 체형이 인기를 끌었다.

이어 슈퍼모델 시대인 1980년대엔 건강한 체형에다가 말랐지만 풍만한 몸, 큰 키, 그을린 팔이, 1990년대엔 '헤로인 시크(heroin chic)'라는 말 그대로 헤로인(마약)을 맞은 상태처럼 깡마르고 창백한 얼굴의 극도로 마른 체형, 반투명의 피부, 양성적 느낌이라고 소개한다.

마지막으로 2000년대에서 현재까진 홀쭉한 복부, 건강하지만 마른 체형, 풍만한 가슴과 엉덩이, 매력적인 허벅지(사이의 틈)를 가진 여성이 이상적인 몸매로 꼽혔다.

하버드 대학과 웰슬리 대학의 공동 연구에 따르면, 미의 기준은 개인별로 다르다고 한다. 쌍둥이를 대상으로 실험한 연구진은, 일란성 쌍둥이라고 하더라도 선호하는 외모엔 차이가 있었다.

얼굴에 대한 선호도는 우리의 유전자(DNA)가 아닌 성장한 환경에 따라 형성되는 걸로 연구 결과 드러났다. 즉, 미적 선호도는 개인 경험에 따라 다른 결로 나타났다.

문화나 가치관이 미적 선호도에 어떤 식으로 영향을 미치는지는 알 수 없으나, 아름다움의 기준이 보편적이라기보단 꽤나 사적이고 주관적이며 다양하다는 사실이 앞의 두 조사(슈퍼드러그 온라인 닥터와 버즈피드)를 통해 명확히 입증됐다. 100명에겐 100가지 미의 기준이 있다는 게 진실이었다.

루벤스, 삼미신, 1639년, 목판에 유채, 221×181cm, 마드리드 프라도 미술관.

한마디로 '제 눈에 안경'이란 말이 잘 맞아떨어졌다. 그래서 '짚신도 짝이 있다'는 속담이 성립되는 모양이다. 당신에게 아름다움이란 어떤 건가?

남성도 앉아
소변보게 허하라

인식 변화의 소중함

어느 날, 누군가가 나에게 반잔의 물을 내밀었다. 그리고 '반밖에 없는가, 반이나 있는가?'
하고 물었다. 그래 나는 그 물을 꿀컥 마셔버렸고, 더 이상 문제 제기는 없었다.

알렉산드로 조도로프스키(칠레 출신 영화감독)

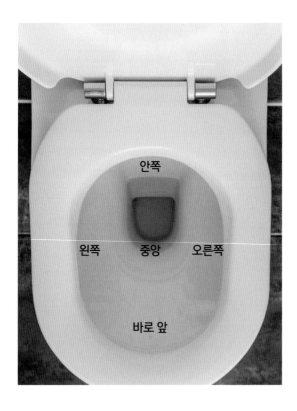

"화장실 악취! 더 이상 못 참겠어요."

"신혼 5개월쨴데 정말 답답해요. 앞으로 50년 넘게 이러고 살아야 하나요?"

"남자가 튀기지 말아야 할 건 면전의 침만이 아니라고요."

화장실 청소 때면 쏟아내는 아내의 항변이다. 넛지(nudge) 효과를 기대하며 변기에다가 파리라도 그려 넣을 태세다.

질문이다. 남성이 좌변기를 향해 오줌을 눌 경우, 표적은 어디가 좋을까? 즉, 어느 쪽 부위에 물줄기(?) 끝이 닿아야 오줌 방울(오줌 혹은 오줌 섞인 물)이 주변으로 적게 튈까? 오지 선다형이다.

① 안쪽 ② 중앙 ③ 좌우측 ④ 바로 앞 ⑤ 기타

남자도 치마를 일상화하자

일본 국영 방송 NHK의 한 프로그램에서 접한 내용이다. 집안 좌변기에다 남성이 소변을 볼 경우 주변으로 튀는 오줌 방울 수를 조사했다.

결과는 꽤나 놀라웠다. 좌변기에 고인 물이나 양쪽 벽면에 닿은 오줌이 화장실 바닥은 물론 심지어 벽에까지 무수히 튀어 오르고 있었다. 게다가 그 입자가 너무 작아 육안으론 거의 확인할 수 없어 간과하기 십상이지만, 실은 이게 화장실 오염과 악취의 주범이었다.

앞서 던진 질문에 답해보자. 남성이 오줌을 눌 때 좌변기 어느 부위를 표적으로 삼아야 좋을까? 즉, 오줌이 좌변기 어느 부위에 닿을 때 방울이 주변으로 적게 튈까?

검증 결과 오줌이 닿는 좌변기 부위에 따라 튀는 방울 수는 사뭇 달랐다.

- 좌변기 중앙(물 고인 곳)에 화장지 한 장을 띄움 : 154방울
- 좌변기 바로 앞 : 277방울
- 좌변기 좌우측 : 293방울
- 좌변기 중앙 : 372방울
- 좌변기 안쪽 : 7,750방울

이 결과에서 확인할 수 있듯 남성이 서서 소변을 볼 경우, 좌변기 안쪽은 표적으로서 최악이었다. 좌변기 중앙에 화장지 한 장을 띄우고 그곳을 표적 삼아 볼일을 보는 게 가장 이상적이었다.

그런데 이처럼 복잡한 실험을 통해 좌변기 어느 부위를 노려야 오줌 방울이 적게 튀는지 굳이 따져볼 게 아니라, 튀는 오줌 방울을 최소화할 수 있는 아주 간단한 방법이 있다. 아는가?

'그냥 앉아서 소변을 보면 된다.'

적어도 집에선 말이다. 뭔가 찝찔하다고? 성가시다고? 남자답지 못하

고 왠지 소심해 보인다고? 이런 뿌리 깊은 인식이 걸림돌이다.

남녀의 신체 구조 차이를 논하기 이전에 '걸터앉아 대소변을 보는 변기'란 의미의 '좌변기'에 초점이 모아진다면 남성 생각은 달라져야 옳다. 양성(兩性)이란 굴레로부터 본연의 기능으로 인식 변화가 이뤄져야 한다. 실제로 좌변기에 걸터앉아 소변을 볼 경우엔 불과 '77방울'만 튀었다고 한다.

'남성도 앉아서 오줌 누게 치마를 일상화하자!'는 캠페인을 벌이거나 집안 여성들의 강력한 저항이 시작될 때 비로소 해결의 실마리(인식 변화)를 찾을지도 모른다.

80점에 대한 단상

"엄마, 다녀왔습니다."

아이가 씩씩거리면서 문을 열고 들어선다. 얼굴엔 시무룩한 표정이 역력하다.

"어서 와라. 시험 보느라 힘들었지?"

엄마는 아이 어깨에 멘 가방을 받아 들곤 식탁 위에 내려놓는다.

"잘 봤어?"

"뭐, 그냥~."

아이는 가방을 열어 시험지를 꺼내더니 이를 엄마에게 휙 던지듯이 건

넨다. 그러곤 잽싸게 자기 방으로 들어가 버린다.

엄마는 기다렸다는 듯이 시험지를 펼쳐 들었다. 조금 전까지만 해도 기대감에 살짝 홍조를 띠던 엄마 표정이 이내 심각하게 굳어간다.

시험지 오른쪽 상단의 굵고 빨간 숫자가 가장 먼저 엄마 눈에 들어온다. '80점'이란 숫자가 엄마의 감정 기복을 만든 원인 제공물이다.

잠시 동안 시험지를 앞뒤로 훑어본 엄마는 아이를 부른다. 아이는 마지못해 방을 나와 귀찮다는 듯이 식탁에 턱을 괴곤 앉는다.

이런 아이에게 엄마는 포문을 연다.

"말해봐. 어째서 이런 간단한 문제를 못 푼 거니? 특히 5번 문제!"

"실수로 9를 7로 봐서 계산을 그만…."

"얘개, 그게 무슨 말이니?"

"시간에 쫓겨 날려 쓴 9를 나중에 7로 봐서…."

"숫자를 또박또박 정자로 쓰라고 엄마가 얘기했어, 안 했어? 자기가 쓴 글자를 자기가 모르면 누가 안다고, 참~! 너, 정말 바보 아니니?"

"왜 그렇게 짜증을 내~? 엄마가 물어서 대답했는데."

이런 80점에 대한 당신의 생각을 듣고 싶다. 어떤가?

'80점이나 받았구나'인가, '20점이나 날렸다니!'인가?

인생은 선택의 연속이다. 숨 쉬는 걸 빼고는 모조리 선택이다. 오죽했으면 프랑스 철학자 사르트르가, 인생은 출생(Birth)과 죽음(Death) 사이에 존재하는 선택(Choice)이라고 했겠는가! 물론 필자는 '창의력(Creativity)'

이라고 강력히 주장하지만.

절대 긍정에 삐딱선 타기

모처럼 화사한 주말을 맞아 산에 올랐다.

이제 겨우 산 중턱인데, 땀은 비 오듯이 쏟아진다. 정상까지 가려면 온 것만큼 다시 올라야 한다. 목구멍마저 컬컬하다. 배낭에서 플라스틱 물통을 꺼내 곧장 입으로 가져간다. 벌컥벌컥 들이마시면서 목구멍을 축인다. 아~, 행복감이 마구 밀려온다. 천국이 따로 없다. 그러다가 문득 시선이 물통으로 옮겨간다.

"이제 절반밖에 없잖아"라고 생각하는 사람도, "아직 절반이나 남았잖아"라는 사람도 있다.

그런 의견이나 태도에 관한 사회적 평가는 늘 이랬다.

- "아직 절반이나 남았잖아." – 긍정적 사고(낙관론자)
- "이제 절반밖에 없잖아." – 부정적 사고(비관론자)

다음과 같은 뉴욕행 비행기 2대가 있다. 만약 당신에게 선택권이 주어진다면, 어느 비행기에 탑승하겠는가?

① 99.9% 안전한 비행기

② 1,000회 비행에 1회 꼴로 추락하는 비행기

곧장 당신은 ①번 비행기를 선택했음이 틀림없다. 사실 두 비행기의 안전 비율은 확률적으론 동일하다. 다만, 표현이 긍정적이다 보니 왠지 믿음직하고 안전해 보여 ①번 비행기를 골랐을 것이다.

간혹 분위기를 읽는 데 실패해 삐딱선을 타는 이들은,

"비관론자는 매번 기회가 찾아와도 고난을 본다. 낙관론자는 매번 고난이 찾아와도 기회를 본다"

라는 처칠의 말이나 그와 흡사한 유형의 따끔한 조언을 들어야 했다.

심지어 이런 요구까지 해온다.

"신이 호랑이를 창조한 것에 비난 말고, 호랑이에게 날개를 주지 않은 것에 감사하라."

그간 우리 사회는 여러 측면에서 긍정적(낙관적) 표현(의지)이나 신호를 직간접적으로 선호하고 지지해왔다. 특히 '절대 긍정'엔 일언반구의 반론도 허용하지 않았다.

죄송하지만, 그간의 사회적 평가에 살짝 반역을 꾀하고자 한다.

당초 반잔의 물을 두고 '아직 절반이나 남았니? 이제 절반밖에 없니?' 하는 물음엔 선입관이 숨어 있다. 이미 그 질문엔, 이른바 긍정적(낙관적) 생각의 소중함을 주지시킬 목적으로 묻는 것이기에 그렇다.

낙관론이란 건, 본시 수동적 생각이나 태도를 기반
으로 한다. 어떻게든 모든 게 술술 잘 풀릴 거라는 막
연한 믿음이 낙관론자의 심리 밑바탕에 깔려 있다.
때때론 그런 생각이나 태도가 참담한 실패를 불러오
기도 한다. 그래서 '비관적으로 준비해 낙관적으로
행동하라'는 말이 생겨났다.

"아직 절반이나 남았잖아"라고 말하는 이는 사물
에 대한 욕구 수준(목표)이 다른 사람보다 낮아 만족 상태에 쉽게 도달한
다. 반면에 "이제 절반밖에 없잖아"라는 이는 평소 사물이나 상황을 두고
서 매우 신중한 태도를 취하며 평소 저축에 대한 경제 관념이 뚜렷한 사람
일 수 있다. 그렇게 본다면 두 판단은 모두 지극히 정상이다.

이번에 색다른 관점으로 접근해보자. '반잔의 물'을 어떤 경우엔 돈으
로, 어떤 때에는 시간으로, 인재로, 공간으로 바꿔보면 어떨까? 그러면 "아
직 절반이나 남았잖아"라는 쪽은 늘 낙관적 사고의 소유자이고, "이제 절
반밖에 없잖아"라고 하는 쪽은 비관적 사고의 소유자라고 하는 그간의 낙
인은 모두 무의미해진다.

"아직 절반이나 남았잖아" 하며 정신 줄을 놓고 있다가 어느 순간
돈과 시간, 인재가 사라지면 큰 낭패다. 또 한편으로 "이제 절반밖에
없잖아" 하는 다소 긴장된 유비무환의 마음가짐이 유익한 결과를
가져다줄 수도 있다.

또 "아직 절반이나 남았잖아"라고 느끼면서도 "이제 절반밖에 없잖아"라는 걸 동시에 머리로 인식하는 것도 현명한 판단이다. 마찬가지로 "이제 절반밖에 없잖아!" 하는 비관적 인식이 눈앞을 가릴지라도 "괜찮아. 아직 절반이나 남았잖아"라며 자신의 생각을 다잡는 마음의 여유도 더없이 소중하다.

결국 당신이 어느 쪽 손을 들어주든 상황을 관조해가며 때론 임기응변식으로 유연하게 판단하는 게 올바른 생각은 아닐까! 호불호(好不好)가 있을 뿐, 틀린 건 아니다.

'아직'과 '이제'를 버리면 남는 건?

'반잔의 물'에 관한 인식은 또 있다. 머리가 복잡하다고? 조금만 더 인내하라.

흔히 우리가 가진 '아직'과 '이제'라는 감정적 표현을 떼어버린 채 문제를 바라보면 어떨까? 즉, "절반이나 남았잖아"와 "절반밖에 없잖아"에만 집중해보자.

'절반이나 남았잖아'와 '절반밖에 없잖아' 사이엔 양적 차이가 존재하지 않는다. 하지만 두 문장의 의미는 전혀 다르고, 그 결과도 확연히 다르다. 세상의 인식이 '절반이나 남았잖아'로부터 '절반밖에 없잖아'로 바뀔 때 비로소 이노베이션의 기회가 찾아든다.

생전 경영학의 대부로 불리던 피터 드러커(Peter Drucker)의 지적이다. '인식 변화는 사실(현실) 그 자체는 바꿀 수 없을지언정, 사실의 의미는 얼마든지 바꿀 수 있다'는 주장이다. 혁신도 그렇게 시작된다는 지적이다.

"절반이나 남았잖아"라는 낙관적 표현이라 그 상황에 만족하면서 안주하려 든다. 하지만 "절반밖에 없잖아"라는 인식은 그 결핍감 탓에 새로운 돌파구를 찾으려고 노력한다. 결과적으로 나머지 반을 채우려는 노력과 과정 중에 혁신이 찾아온다.

범인(凡人)들이 취하기 쉬운 '아직'과 '이제'라는 감정 섞인 말을 배제한 채 냉철하고 객관적으로 사물을 꿰려 한 점에서 경영학 대부다운 아우라가 느껴진다.

"절반이나 남았잖아" 하고 봐야 하는가, "절반밖에 없잖아"라고 봐야 하는가? 사실 어느 게 진실이냐는 중요한 문제가 아니다. 두 인식 모두 틀린 것이 없는 진실이기 때문이다.

훨씬 더 중요한 건 어떤 인식이 자신이나 집단(조직, 사회 등)에 더 유익하고 유용한가 하는 점이다.

대상에 대한 초점도 다르다. "절반이나 남았잖아"라는 건 '남았다'는 점에 초점이 맞춰진 것이고, "절반밖에 없잖아"라는 건 '없다'에 초점이 맞춰져 이후 각종 대상과 사안에 큰 결과의 차이를 몰고 온다.

이처럼 '반잔의 물'이란 사소한 현상을 두고서도 얼마든지 다양한 생각과 관점을 가질 수 있음을 새삼 절감한다. 수긍했다면 앞으로 어느 한쪽을 강요하진 마라.

이제 당신의 생각을 들어볼 차례다.

여기 반잔의 물이 있다. "절반이나 남았잖아"인가, "절반밖에 없잖아"인가? 아니면 또 다른 제3안이 있는가?

- "컵은 물 반, 공기 반으로 가득 차 있을 뿐!"
- "차 있건 비어 있건 개의치 않는다. 난 그냥 물에게 감사할 따름이다."
- "반잔의 물에다 위스키 100ml를 섞어 '건배'하며 들이킨다."
- "비어 있는 절반을 바라보며 어떻게 채울 건지를 고민한다."
- "반잔의 물일지언정 목 타는 나에겐 생명의 약수!"
- "반잔의 물이 레드 와인이었으면 더 좋으련만!"
- "반잔의 물에 애석해하다니, 넌 욕심쟁이."
- "반잔의 물이 나에게 주는 가르침은 뭘까?"
- "반잔의 물에서 목마른 이가 떠오르는 걸 보니, 난 박애주의자?"
- "누군가 탁자 위에 반잔의 물을 올려놓곤 내게 낙관론자인지

비관론자인지 물어왔다. 나는 그 물을 단숨에 마신 후 '해결사'라고 말해주었다."

• "친애하는 낙관주의자와 비관주의자, 현실주의자에게 고함. 당신들이 컵의 물을 두고 격렬한 논쟁을 벌이는 동안, 난 그 물을 마셔버리겠다. 기회주의자 올림."

진로 상담 분야의 권위자이자 스탠퍼드 대학 교수인 존 크럼볼츠(John Krumboltz)는 '계획된 우연 이론(planned happenstance theory)'이란 걸 주창했다.

우연에 대비해 많은 준비를 할수록 좋은 결과를 만들 기회를 더 많이 가지게 돼 필연이 될 수 있다는 게 이론의 요지다. 행운은 노력하는 자를 위한 빈자리일 뿐, 대가 없이 찾아오는 우연은 없다는 뜻이다. 그리고 보면 행운은, 기회가 문을 두들길 때 언제든 응답할 만반의 준비를 갖춘 사람에게만 다가온다.

오늘날처럼 급변하는 환경 아래서 전혀 예상치 못한 사건이 발생했을 경우, 그것을 기회(chance)로 받아들일지, 예기치 못한 재난(unexpected disaster)으로 받아들일지 그 여부에 따라 우리 삶은 크게 바뀔 수 있다고 크럼볼츠는 말한다.

그런 측면에서 '반잔의 물'도 당신이 어떻게 받아들이고 접근하고 준비하느냐에 따라 얼마든지 다양하고 색다르며 누구도 떠올리지 못한 생각(관점)을 가질 수 있다. 한마디로 개개인의 인식 변화는 생각의 다양성이란 스펙트럼을 넓히는 데 주춧돌 역할을 한다.

세상의 인식이
'절반이나 남았잖아'로부터
'절반밖에 없잖아'로 바뀔 때
비로소 이노베이션의 기회가
찾아든다.

9988은 '일결포'를 선언해야 할까?

다양성이 가진 최강 무기

두 사람 간 개성의 만남은 두 가지 화학물질의 접촉과 같다. 반응이 있으면 둘 다 변화한다.

칼 구스타브 융(스위스 정신과 의사)

남성				여성		
1위	2위	3위		1위	2위	3위
정보통신업	전문직	금융직	2000년	교사	대기업	공무원
전문직	대기업	공무원	2001년	교사	공무원	기술직
전문직	기술직	대기업	2002년	교사	전문직	금융직
전문직	기술직	공무원	2003년	교사	전문직	대기업
공무원	의사	금융직	2004년	교사	전문직	대기업
공무원	교사	금융직	2005년	교사	공무원	대기업
공무원	의사	금융직	2006년	교사	공무원	대기업
공무원	의사	금융직	2007년	교사	공무원	대기업
공무원	금융직	의사	2008년	공무원	교사	금융직
공무원	금융직	사업가	2009년	공무원	교사	대기업
공무원	대기업	금융직	2010년	교사	공무원	대기업
공무원	금융직	대기업	2011년	공무원	교사	대기업
공무원	대기업	금융직	2012년	교사	공무원	대기업
공무원	대기업	금융직	2013년	교사	공무원	대기업
공무원	대기업	금융직	2014년	공무원	대기업	교사
공무원	대기업	금융직	2015년	공무원	교사	사무직

출처 : 결혼정보회사 듀오.

키 177.7cm, 연소득 5,417만 원, 자산 2억 9,279만 원, 3~4세 연상, 4년제 대졸, 공무원·공사직 근무. 키 164.9cm, 연소득 4,631만 원, 자산 2억 3,539만 원, 3~4세 연하, 4년제 대졸, 공무원·공사직 종사자. 전자는 미혼 여성이, 후자는 미혼 남성이 이상적으로 꼽는 배우자 스펙이다.

여성의 남편 직업 선호도는 '공무원·공사', '일반 사무직', '교사' 순이며, 남성의 아내 직업 선호도는 '공무원·공사', '교사', '일반 사무직' 순이었다.

표에서 알 수 있듯이 선남선녀가 꼽은 배우자 직업이 공무원과 교사에 지나치게 쏠려 있다. 그런 흐름은 10여 년 전이나 현재나 전혀 바뀐 게 없다. 이게 우리 사회의 씁쓸한 민낯이다.

'9988'이라고 들어봤는가? 중소기업이 우리나라 기업수의 99%, 고용의 88%를 차지한다는 데서 비롯된 말이다. 그곳에 몸담고 있는 선남선녀는 대체 누구랑 결혼해야 할까? 정녕 '일결포(일찌감치 결혼 포기)'라도 선언해야 한단 말인가!

안정적 삶을 원하는 건 잘 알겠지만, 생각마저 안정적인 걸 원해 개성과 다양성을 포기한다면, 그건 우리 사회의 시한폭탄이다.

해독에 2,000만 년 걸리는 암호

'앨런 튜링(Alan Turing)'이란 인물을 아는가?

대부분 사람에겐 꽤나 낯선 이름이다. 실은 천재 수학자이자 컴퓨터 과학의 이론적 아버지라 불릴 만큼 대단한 사람이다. 그의 일생이 〈이미테이션 게임(The Imitation Game)〉이란 영화를 통해 조명되면서 세계적으로 많은 주목을 받았다.

주인공(튜링)은 암호 해독으로 제2차 세계대전 연합국의 전세를 뒤집는 데 지대한 공헌을 하지만, 전쟁 후 동성애자(gay)로 밝혀지면서 화학적 거세를 당하는 수모를 겪는다. 국가와 사회로부터 버림받은 튜링은 41살의 젊은 나이에 독이 든 사과를 베어 먹고 삶을 마감한다. 그는 시대를 잘못 타고난 기구한 운명의 소유자였다.

제2차 세계대전 당시 연합군은 한때 독일 해군의 공세에 몰려 최악의 위기에 몰려 있었다. 독일 잠수함들은 연합군 수송선을 발견하면 주변에 있는 다른 독일 잠수함에 암호 통신을 보냈다. 통신을 접수한 잠수함은 '이리떼'라고 불리는 잠수함대를 구성해 연합군의 수송선을 공격했다.

"제2차 세계대전 동안 정말 나를 두렵게 했던 유일한 것은 U보트의 위협이었다."

연합군의 승리에 주도적 역할을 한 영국 수상 처칠이 전쟁 당시 느꼈던 솔직한 회고다.

이런 독일 잠수함대의 공격으로 1940년부터 1941년까지 연합군 선박은 매월 50척 이상 침몰되었고, 사망자도 5만 명에 달했다. 그럼에도 연합군은 24시간마다 바뀌는 독일군(나치)의 암호기 '에니그마(Enigma)'를 해독할 수 없어 속수무책으로 당하기만 했다.

에니그마는 문장을 이해할 수 없는 글자 배열로 바꾸어 무한대에 달하는 교신 암호의 조합을 만들어낸다. 24시간마다 1,590억의 18승 이상이라는 천문학적인 숫자 조합이 생성되는 탓에 사실상 그 해독이 불가능하다고 여겨졌다.

만약 열 명이 하나의 설정을 1분간 확인한다고 가정할 경우, 하루 24시간 1년 365일을 꼬박 일하더라도 모든 설정을 확인하려면 무려 2,000만 년이 걸린다.

결국 에니그마 해독은 영국을 포함해 연합국이 모두 실패한다. 참고로, 제2차 세계대전은 무선 기술이 발달하면서 통신의 암호화가 상당히 진척된 전쟁이기도 했다.

이에 영국은 에니그마를 해독하고 전쟁을 끝내기 위해 버킹엄셔 주(州) 밀턴케인스의 '블레츨리 파크(Bletchley Park)'에 정부 암호 해독 학교를 설립하고 영국을 비롯해 미국, 폴란드, 오스트레일리아 등 연합군 소속 국가에서 다양한 인재를 끌어들인다. 이때 튜링도 스스로 블레츨리 파크를 찾게 된다.

여기서 튜링은 자신의 탁월한 재능을 발휘해 콜로서스(Colossus)라 불리는 암호 해독 컴퓨터 개발의 이론적 토대를 제공한다. 암호 해독 덕분에 연합국과 독일군 간의 해전 전세는 마침내 반전된다. 독일의 전운(戰運)은

U보트 함대의 흥망성쇠와 거의 궤를 같이했다.

영화에선 거의 홀로 해독기 개발을 주도한 것처럼 그려지고 있다. 하지만 블레츨리 파크의 성공은 사실 튜닝과 같은 일부 천재가 만든 기적이 아니었다.

미시간 대학 교수 스콧 페이지는 블레츨리 파크에서 다양한 직업과 학문적 배경을 가진 사람들의 능력을 끌어낸 덕분에 1944년 콜로서스를 개발할 수 있었다고 주장한다.

이를테면, 수학자에서부터 체스 챔피언, 언어학자, 고전학자, 낱말 맞추기 전문가, 과학자, 기술자, 철학자, 역사가, 윤리학자, 해초 전문가 등 각 분야 전문가뿐만 아니라 대학생, 여군, 작가, 고서적상, 백화점 간부, 체스 게임 중독자까지 참여했다.

한마디로 각양각색의 사람들이 비밀리에 에니그마 해독 프로젝트에 관여했다. 암호를 풀어내는 전문 인력 숫자도 처음엔 200명 남짓이었다가 나중엔 7,000명이 넘는 규모로까지 급증했다고 한다.

고독한 천재 시대의 몰락

모든 조직이 안고 있는 딜레마 하나가 있다.

우수한 사람들로만 구성된 소수의 전문가 집단과 그렇지 않은 사람들이 무작위로 섞여 있는 집단(다양한 배경과 계층). 가령 어떤 과제가 주어졌을 때, 어느 집단이 더 훌륭한 결과물을 내놓을까?

페이지 교수는 자신의 저서《다름(The Difference)》에서 온라인과 오프라인 모두에서 "다양성이 능력을 이긴다(Diversity trumps ability)"는 주장을 펼쳤다.

최고의 문제 해결자(solver)에겐 비슷한 성향이 있다. 따라서 그들이 집단으로 모여 있을 때나 각기 혼자 있을 때나 문제 해결 능력에선 거의 차이가 나지 않는다. 하지만 무작위로 모아놓았을 때 문제 해결자 집단은 다양한 성향을 띠게 된다. 이런 다양성은 그들을 집단적으로 더 뛰어나게 만들어준다.

그 까닭을 페이지 교수는 서로 다른 개인은 주어진 문제를 다른 관점에서 바라보고 다른 방식으로 풀려고 노력하기 때문이라고 설명한다.

한 그룹의 관점과 접근법이 다양할수록 문제 해결을 위한 새로운 아이디어가 더 많이 나오게 돼 있다. 이 때문에 그룹 구성원이 다양할수록 전통적인 해결책에 고착될 가능성은 줄어든다. 다양한 사람으로 구성된 팀은 다르게 생각할 가능성이 더 크다. 그에 따라 신선하고 새로운 해답을 제시할 가능성도 더 커서다.

실제로 다양한 구성원으로 이뤄진 집단의 강점은, 다른 지식, 스킬, 가치관, 사고 패턴을 활용해 생각할 수 있는 다양한 해결책을 내고, 다양한 사람들이 다양한 정보와 관점에서 문제를 다각적으로 검증할 수 있다. 의사 결정의 질을 끌어올리는 데는 구성원의 다양성 그 자체가 매우 중요하다는 걸 알 수 있다.

〈천지창조〉, 〈최후의 만찬〉, 〈다비드〉 등을 남긴 천재 예술가 미켈란젤로. 후대 사람들은 천부적 재능을 가진 미켈란젤로 혼자서 모든 작업을 했을 거라고 생각하지만, 그에겐 13명의 보조 예술가가 있었다.

백열전등, 영사기, X선 투시기 등 이루 헤아릴 수 없을 만큼 많은 걸 발명한 에디슨. 그런 위대한 결실은 홀로 창출한 게 아니라 에디슨이 결성한 연구팀을 빼놓을 수 없다. 여기엔 10여 명의 기계 기술자와 물리학자, 수학자, 화학자, 금속 기술자 등으로 구성된 다양한 국적의 전문가가 소속돼 함께 성과를 일궈낸 것이다. '에디슨은 집합명사'란 그의 조수 말을 다시한 번 곱씹어보자.

마이크로소프트의 창업자 빌게이츠와 20세기 혁신의 아이콘인 스티브 잡스도 예외는 아니었다는 주장이 많다. 고독한 천재라기보다는 구성원을 잘 관리하고 제품 기획에 힘을 쏟으며 집단을 꾸려나간 까칠한 경영자였다. 창의적 아이디어는 개인에서 비롯되었을지언정 엄청난 성과는 다양한 인재의 결합물이었다.

국내 한 일간지(《매일경제신문》, 2014년 3월 14일자)와의 인터뷰에서 페이지 교수는 이런 주장을 펼치기도 했다.

당신과 내가 올해 경제성장률을 예측한다고 해보자. 실제 경제성장률은 6%인데 우리 둘 다 3%라고 예측했다고 하자(전혀 다양성이 없는 경우다). 그러면 우리 둘로 구성된 집단의 평균 예측률 역시 3%다. 이처럼 우리가 똑같은 오류를 저지른다면 집단 차원에서도 나아질 게 없다. 그러나 나는 9%, 당신은 3%로 좀 더 다양하게 예측했다고 하자. 당신과 나의 오류는 각각 3% 포인트로 변함이 없다. 그러나 우리 둘 평균은 6%다. 집단으로서 우리 둘의 오류는 0% 포인트가 됐다. 집단으로서 우리 두 사람의 예측은 각자의 예측보다 정확해졌다. 우리 둘 사이의 다양성이 높아진 덕분이다.

나약한 인간의 위대함이여!

'메디치 효과(Medici Effect)'라는 것이 있다.

다양한 영역과 분야, 문화 등이 하나로 만나는 교차점(intersection)에서 기존의 생각을 새롭게 재결합함으로써 창의적이고 혁신적인 아이디어가 폭발적으로 증가하는 현상을 일컫는다.

《메디치 효과》의 저자이자 주창자인 프란스 요한슨도 에니그마 해독 사례를 들면서 이런 지적을 한다.

"다양한 분야의 사람들로 구성된 팀은 좀 더 독특하고 특별한 아이디어를 만들어낼 확률이 높다."

즉, 다양한 영역과 배경, 전문성을 지닌 사람들이 서로의 생각을 공유할 때 창의적 아이디어가 도출될 가능성이 크다는 거다.

15세기 이탈리아의 피렌체에서 은행업으로 번창한 메디치(Medici) 가문은 광범위한 분야에 걸쳐 문화 예술가를 후원했다. 덕분에 당대 유명한 조각가, 화가, 시인, 철학자, 과학자, 상인 등 다양한 사람들이 피렌체에 몰려들었다.

여기서 만나게 된 사람들은 자신의 전공과 관심사, 아이디어 등을 서로 교류하면서 벽을 허물고 새로운 세계를 창출했다. 이를 통해 창의력이 흘러넘치는 백화요란(百花擾亂)의 르네상스 시대를 열게 된다.

　기원전 440년부터 380년의 아테네로 거슬러 올라가 보자.

　고대 아테네엔 소크라테스, 투키디데스, 헤로도토스, 에우리피데스, 아이스킬로스, 아리스토파네스 등 서양 문명의 기초를 다진 천재들이 거의 같은 시기에 같은 장소에 존재했다. 16세기 후반 셰익스피어 시대의 영국도 벤 존슨, 존 밀턴, 에드먼드 스펜서, 프랜시스 베이컨 등 기라성 같은 천재들이 같은 시대에 같은 도시에 살고 있었다. 놀라운 일이 아닌가.

　이처럼 창의적 천재들이 등장하는 시대나 장소가 집중되는 경향을 보인다고 통계학자 데이비드 뱅크스(David Banks)는 언급한다. 이런 현상에 대해 뱅크스는 평화나 번영이 그 이유는 아니며, 구체적인 원인은 잘 모르겠다고 답했다.

　이에 관해 잡지 《와이어드(Wired)》는 'Cultivating Genius'(2012년 3월 22일자)란 기사에서 지적한다.

　다양한 인간이 교차할 수 있는 게 이점으로 작용했음은 분명하다. 과거 천재가 집중된 장소가 모두 상거래 중심지였다는 것은 우연한 사건이 아니다. 전체 인구에서 대학 학위를 가진 이민자가 1% 증가하면, 특허 취득 건수가 9~18% 증가한다는 연구 데이터도 있다.

다양한 생각과 성향을 지닌 사람들이 특정 공간에 모여 서로의 정보를 교환하는 동안 아이디어는 더욱 확산됐고, 이를 통해 시너지 효과(창의적 천재의 출현)가 발휘된 게 원인이라는 주장이다.

결국 블레츨리 파크에서 이뤄진 암호 해독과 같은 난제 해결이나 창의적 천재들이 특정 시대나 장소에 군집을 이루면서 대단한 성과를 낼 수 있었던 건 모두 '다양성'이란 키워드가 뒷받침되고 있음을 알 수 있다.

오늘날 기업에서도 그런 특징은 쉽게 발견된다. 세상을 놀라게 하는 창의적 디자인을 일주일에 두 개씩 쏟아낸다는 디자인 컨설팅 회사 '아이데오(IDEO)'의 비결은 뭘까?

이 회사엔 약 600여 명의 직원들이 있는데 인류학을 시작으로 행동과학, 기계공학, 전자공학, 건축공학, 심리학 등 다양한 전공에다가 성별과 인종이 뒤섞여 함께 일한다. 그런 다양성과 개성이야말로 이 회사가 쏟아내는 창의적 디자인의 원천은 아닐까!

그런 점은 패거리 문화와 순혈주의, 획일적 사고에 익숙한 국내 기업 및 조직이 심각하게 고민해볼 과제다. 일상에서든 조직생활에서든 다양성이 담고 있는 가치는 그 큼 높고 깊고 넓다.

집단은 개, 돼지일까, 현자(賢者)일까?

대중은 개, 돼지입니다. 왜 개, 돼지가 짖는 소리에 신경을 쓰십니까? 가만 두면 알아서 사라질 소리입니다.

영화 〈내부자들〉에서 조국일보의 논설주간 이강희(백윤식 분)가 미래모터스 회장 오현수(김홍파 분)에게 하는 대사다. 한 교육부 관료는 이 대사를 신문기자와 대화 중에 인용했다가 국민적 공분을 샀다.

마키아벨리는 대중 심리를 저서 《군주론》에서 이렇게 설파했다.

"대중은 언제나 외관만으로 그리고 결과만으로 평가하게 마련이며 이 세상은 이들 속된 대중으로 가득 차 있다."

한마디로 군주는 '속속들이 알기보다는 겉으로 드러난 외관만으로 군주를 판단하는' 어리석은 대중의 본성을 잘 간파해야 한다고 뒤통수를 친다.

근세에 들어선 독재자 히틀러(《나의 투쟁》)가 그런 주장의 대표 주자다.

"민중 대부분은 냉철한 이성적 사고보다 감정적 느낌으로 생각이나 행동을 결정한다. (중략) 긍정 아니면 부정, 사랑 아니면 증오, 바른 길 아니면 잘못된 길, 진실 아니면 거짓, 항상 양자택일. 반은 맞지만 반은 다르다든지, 일부는 그럴 수도 있다, 라는 식의 복잡함은 있을 수 없다."

'백성 민(民)'이라고 하는 한자를 한번 보라. 이 한자는 노예의 눈을 찌른 그림에서 유래됐다고 한다. 멀쩡한 인간 눈을 찔러 (시비를 분간 못하게 만든 다음) 노예로 활용한다. 그게 백성을 움직이는 탁월한 노하우였다는 얘기다.

우리 지역(학교) 출신이니 한 표. 밥 한 끼 대접받았으니 한 표. 아는 사람 부탁이니 한 표. 각종 선거철이면 피해갈 수 없는 우리 모습이다. 정작 문제는 선거 후 당선자의 잘잘못은커녕 사사건건 진영 논리에 밀리면서 공약조차 까맣게 망각한다. 공약(公約)은 그렇게 공약(空約)으로 변질된다. 유권자가 깨어야 나라가 산다.

그런데 정말 대중은 우매할까? 개나 돼지라 불릴 만큼 어리석고, 눈이 어두워 세상 물정을 꿰지 못하고, 복잡함이나 섬세함도 없이 미련해 터져 도통 생각을 하지 않는 걸까? 물론 그릇된 생각이다.

《논어》의 〈술이(述而)〉 편엔 "세 사람이 길을 가면, 반드시 한 사람의 스승이 있다(三人行 必有我師)"는 말이 나온다. 2,500년 전 공자가 인(仁)을 설파하던 시대에도 한 사람보다는 다수의 사람이 내뿜는 생각과 지혜가 더 고결하고 가치가 있었다.

또 '셋이 모이면 문수(文殊)의 지혜'라는 옛말도 있다. 사람 셋이 모이면 적어도 그 가운데 한 사람은 자기보다 뛰어난 사람이 있고, 세 사람이 모여서 아이디어를 내면 문수보살과 같은 지혜가 나올 수 있다는 의미다. 문수는 석가여래 왼쪽에 서서 지혜를 관장하는 보살이다.

대중은 결코 어리석지 않다. 눈을 가리고 귀를 틀어막아도 대중의 사고까지 억제할 순 없는 노릇이다. 대중이란 표현으로 두루뭉술하게 표현되지만, 실상 그 안의 개개인이 지닌 다양한 생각과 지혜가 어우러지는 순간 대중의 창의력은 폭발한다.

제임스 서로위키가 쓴 《대중의 지혜(The Wisdom of Crowds)》의 도입부에 등장하는 한 꼭지다.

어느 날 프랜시스 골턴(Francis Galton)이라는 과학자가 한 박람회에 참석하게 된다. 이 박람회장에선 가축들의 경매가 이뤄지고 있었는데, 그 한쪽에선 재미있는 행사가 열리고 있었다.

그 행사는 육중한 황소의 몸무게를 맞추는 거였다. 사람들은 자신이 추정한 소의 무게를 종이에 기입한 다음 그걸 병 안에 넣도록 했다. 사람들 가운데 몇 명은 가축 전문가였다. 그 외 대다수 사람들은 전문적 지식이 없는 그냥 주변의 행인이었다.

결과는 어떻게 되었을까? 소의 무게를 추정한 종이쪽지는 모두 787개였다. 모든 추정치의 합을 낸 다음 이를 787로 나누었더니 그 평균은 1,197파운드(542.9kg)였다.

여기서 경천동지할 사실이 드러난다. 소의 실제 무게는 1,198파운드(543.4kg)였다. 787명의 평균 추정으로부터 단 1파운드만 빗나간 셈이다.

이런 놀라운 일이 단지 우연의 일치일까? 여기에 대해 서로위키는 '천만의 말씀!'이라고 말한다. 그는 무작위로 선정된 이른바 대중 집단이 현명한 전문가 집단보다 문제 해결 능력이 훨씬 뛰어난 결과라고 주장한다.

규모가 크고 다양한 사람들로 이루어진 그룹이 많은 정보를 가졌거나 박식한 개인보다 훨씬 더 지적으로 우월하다.

이처럼 서로 다른 견해와 전문 지식을 가지고 있는 다양한 사람들이 뭉치면 놀랄 만한 대중의 지혜를 이끌어낼 거라는 말이다.

《창의력, 쉽다(creativity)》의 저자 짐 랜덜은, 서로위키의 견해는 지난 500년에 걸쳐 이뤄진 가장 소중한 혁신의 하나인 '인쇄기'와도 일맥상통한다고 거들었다. 인쇄기는 1440년 요하네스 구텐베르크가 동전 주조기를 완전히 다른 분야, 즉 포도주 양조기의 일부 구성 요소들을 개량해 발명했다.

구텐베르크는 원래 금 세공사였다. 그런 까닭에 동전 주조에 관해서는 많은 지식을 가지고 있었다. 어느 날 포도주 양조 기술자인 친구를 방문했다가 그는 '유레카'의 순간을 가지게 된다.

포도주 만드는 기계로부터 영감을 얻은 구텐베르크는 그걸 자신의 전문 지식과 결합해 인쇄기를 발명함으로써 르네상스 시대의 문을 열었다.

"이런 프로그램을 만든 분들께 깊은 존경심을 전합니다."

이세돌 9단이 인공지능 알파고(AlphaGo)와의 1차전에서 불계패한 뒤 밝힌 소감이다.

기보(棋譜) 16만 건이라는 엄청난 '집단지성(빅데이터)'을 활용한 알파고가 당대 최고수를 무너뜨렸다. 2살짜리 기계가 4,000살의 인간 바둑을 뛰어넘어 달 착륙과 비견될 만한 새 이정표를 세웠다. 경우의 수가 우주의 원자 수보다 많다(10의 170승)는 바둑에서 일어난 일이다 보니 충격은 더욱 크다.

집단지성이라고 하면 먹물깨나 먹었다는 사람이 쏟아내는 단어처럼 들리는데, 사실 우리 일상에서 얼마든지 간단히 경험할 수 있다. 당신의 나이를 전혀 모르는 사람들(많으면 많을수록 좋음)에게 나이를 한번 맞춰보라고 얘기해보라. 그런 다음 이들이 추측한 당신 나이의 평균을 내보라. 신기할 정도로 실제 나이와 거의 맞아떨어진다. 그게 바로 집단지성의 힘이다.

모든 생각은 다양성으로 통한다

자신의 의견과 같지 않다는 이유로 자기 형제를 박해하는 사람은 괴물이다.   -볼테르(프랑스의 계몽사상가)

이야기를 다시 원점(《이미테이션 게임》)으로 돌린다.

영국을 포함한 연합국 전함 수백 척이 독일 잠수함 U보트가 쏜 어뢰에 침몰하면서 대서양 안방은 독일군 차지가 된다. 두려움과 절망감이 연합군을 지배하는 시간이 지속된다.

그러던 어느 날 블레츨리 파크의 영웅들은 마침내 에니그마 암호 해독에 성공한다. 이를 계기로 연합국은 노르망디 상륙작전에 성공하고 전세를 180도 뒤집는다. 덕분에 제2차 세계대전 종식을 2년이나 앞당기면서 1,400만 명에 달하는 목숨까지 구한다.

영화 속 대사 가운데 가장 눈에 띄는 대목이다.

때로는 아무도 떠올리지 못할 것 같은 사람이, 아무도 떠올릴 수 없는 일을 해내거든(Sometimes it is the people no one imagines anything of who do the things that no one can imagine).

지극히 평범해 보였던 사람들이 이따금씩 누구도 예기치 못한 엄청난 위업을 일궈낸다는 말이다. 그게 가능한 건 주변 다양한 부류의 사람들로부터 오는 자극이 가장 큰 원인이다. 인류 역사는 이런 과정을 통해 진화와 발전을 거듭해왔음이 틀림없다.

앞의 대사는 자신이 보통 사람들과 다름을 한탄하는 튜링에게 그의 동료이자 한때 약혼자이기도 했던 여성 수학자 클라크가 건네는 위로의 말이다. 실은 이전 케임브리지대 출신의 클라크를 블레츨리 파크로 스카우트하면서 튜링이 던진 말이자, 튜링의 유일한 고교 친구였던 크리스토퍼가 재학 시절 튜링에게 던진 대사이기도 하다.

몇 차례 등장하는 이 대사는 다양성이 가진 의미를 함축적으로 표현하고 있어 영화 속 무수히 오가는 대사의 백미(白眉)다.

또 〈이미테이션 게임〉은 영화보다 더 영화 같은 삶을 살아간 한 천재의 비극적 삶을 적나라하게 보여주면서도, 무엇보다 외골수 괴짜 주인공이 보통 사람들과는 다를지언정 결코 '틀린 건' 아니란 메시지를 각인시키려고 시종일관 분투한다.

획일성보다 관용과 다양성이 뿌리를 내렸다면, 스티브 잡스나 빌 게이츠와 같은 인물이 미국이 아닌 영국에서 그것도 50년 앞서 탄생해 대영제국의 영화(榮華)가 오늘날에도 맥을 잇고 있을지 누가 알겠는가!

눈을 돌려, 21세기 대한민국은 어떤가?

사고의 '다름(different)'을 언제까지 '틀림(wrong)'이나 '이상함(odd)'으로 판단할 건가? 그러는 동안 우리 사회는 튜링과 잡스의 새싹들을 무수히 잘라내고 있다.

이른바 권위를 가진 사람들의 생각이나 스타일을 모방하고 싶어 하는 심리는 대단히 강하다. 무비판적 동조라고 할 정도다. 그러다가도 자기와 동격이거나 한 수 아래라고 생각되는 순간 상대방 의견을 깎아내리기 바빠진다.

"나는 옳은데, 쟤가 영 이상하단 말이야!"

한마디로 자신의 생각을 밖으로 드러내는 걸 꺼려하면서도 남이 피력한 의견에 대해선 폄하하고 거부하며 잘못됐다고 몰아세운다. 잊지 마라, 모든 생각은 다양성이란 이름 아래 용서된다는 것을.

다름은 틀림이나 이상함이 아니라 또 다른 기회가 될 수 있다. 그걸 인정하고 수용하는 사회야말로 다양성이 흘러넘치는 창의적이고 건강한 사회가 아니겠는가. 이제 더 이상 '다른' 걸 '틀린' 걸로 판단하거나 오해하는 일이 없었으면 좋겠다.

인생에서 가장 후회되는 일은?

사람들에게 물었다.

"당신의 인생에서 가장 후회되는 일은 무엇입니까?"

어떤 대답이 나왔을까? 자못 흥미롭다.

남녀와 세대를 막론하고 첫손에 학교 다닐 때 공부를 열심히 하지 않은 일을 인생에서 가장 후회한다고 꼽았다. 즉, '공부 좀 할걸'이 단연 1위였다.

남자							
순위	10대	20대	30대	40대	50대	60대	70대
1위	공부 좀 할걸	공부 좀 할걸	공부 좀 할걸	공부 좀 할걸	공부 좀 할걸	돈 좀 모을걸	아내 눈물 나게 한 것
2위	엄마한테 대들지 말걸	엄마 말 좀 들을걸	돈 모아 집 사둘걸	술 어지간히 먹을걸	겁 없이 돈 날린 것	술 줄이고 건강 챙길걸	노후 자금 모아둘걸
3위	친구랑 다투지 말걸	그 여자 잡을걸	그 회사 그냥 다닐걸	땅 좀 사둘걸	아내한테 못할 짓 한 것	아내한테 못할 짓 한 것	배우고 싶었는데…

	여자						
1위	공부 좀 할걸	공부 좀 할걸	공부 좀 할걸	공부 좀 할걸	애들 교육 신경 더 쓸걸	애들 교육 신경 더 쓸걸	배우고 싶었는데…
2위	엄마한테 거짓말한 것	엄마 말 좀 잘 들을걸	이 남자랑 결혼한 것	애들 교육 신경 더 쓸걸	결혼 잘못한 것	**배우고 싶었는데…**	먼저 간 남편한테 잘해줄걸
3위	친구랑 싸우지 말걸	친구랑 싸우지 말걸	전공 선택 잘못한 것	내 인생 즐겨볼걸	**공부 좀 할걸**	돈 좀 모아놓을걸	돈 좀 모아놓을걸

출처 : MBC.

이런 결과는 한국인이 맹신하는 '공부 신화'를 다시금 엿보게 한다. 바라거니와 공부 못한 사람이 천대받고 멸시당하는 사회가 바로 대한민국이란 방증이 아니었으면 한다.

삶에서 가장 후회스러운 일

나는 아직 영어 공부가 서툴다.
내가 조금 영어 공부가 틀리면
엄마는 날 비웃는다.

엄마 입가에서 날카롭고 뾰족한 화살이 날아와
내 자존심을 갈가리 찢어

쓰레기통에 쑤셔 넣는 것 같다.

(화성 상봉초등학교 2학년 김윤서, 〈자존심〉)

공부, 공부, 공부. 세상은 공부 천지다.

얼마 전 아이가 다니는 중학교에 직업 탐색 프로그램의 일환으로 출강했다. 창의력에 관한 얘기를 한 시간 정도 했다. 말미의 질의응답 시간에 유일하게 나온 물음은 이랬다.

"공부는 왜 해요?"

대학 강의 도중에도 이따금씩 듣는 질문을 여기 중1에게서 또 들을 줄은 몰랐다. 그럴 때마다 이 근원적 물음에 대한 답변의 어려움을 토로하지 않을 수 없다.

공자는 "배우고 때로 익히면 이 또한 기쁘지 아니한가(學而時習之不亦說乎)"라는 배움의 소중함을 무려 2,500년에 걸쳐 설파해오고 있다.

영화 〈사도〉에서도 세자를 보며 영조는 말을 건넨다.

"공부 열심히 하거라."

"공부가 국시(國是)다."

어머니가 천한 무수리 출신인 영조는 그 콤플렉스를 극복하고자 어려서부터 공부를 열심히 한 덕분에 성군의 반열에 올랐고, 나이 마흔이 넘어 어렵게 얻은 사도세자에 대해서도 공부 욕심을 꽤나 부렸던 모양이다. 이해는 간다.

빌 게이츠도 공붓벌레들에게 잘 대해주라고 했다는데, 그 이유는 훗날 그 사람 밑에서 슬슬 눈치 보면서 밥 빌어먹게 될 수도 있기 때문이란다.

MBC는 10년 전 대한민국 14~73세 1,200명에게 물었다.

"당신의 인생에서 가장 후회되는 일은 무엇입니까?"

많은 이들이 첫 번째로 꼽은 건 뭐였을까?

'아내(남편)에게 잘할걸.' '돈 좀 모아둘걸.' '부모님한테 잘할걸.' '게임 끊을걸.' '친구랑 싸울지 말걸.' '운동을 꾸준히 할걸.' '술 담배를 하지 말걸.'

그런 대답이었을까? 남녀노소를 막론하고 인생에서 가장 후회한다고 대답한 건 이랬다.

'공부 좀 할걸.'

학창 시절 공부 열심히 안 하고 더 못 배운 걸 가장 후회스러운 일로 꼽고 있었다. 그 이유는 뭘까? 예전에 공부 좀 열심히 했더라면 현재보다 나은 삶을 살고 있을 거라는 확신 때문이리라!

어린 시절, 무릎을 베고 응석을 부리던 나(당시 9살)에게 어머니가 던진 당부도 공부였다.

"말 잘 듣고, 까불지 말고, 공부 잘해!"

이튿날 어머니는 뇌출혈로 쓰러져 며칠 후 세상과 등졌다. "공부 잘해!"라는 어머니의 마지막 당부가 필자에겐 유언이 된 셈이다. 어머니를 하늘로 보낸 뒤 그 얘기가 여태껏 가슴에 남아 있다. 내 삶에서 공부의 필요성을 뼈저리게 느끼게 한 계기가 또 하나 있다.

공고 졸업을 6개월 앞두고 재벌 H그룹에 입사했다. 지금도 그렇지만 우리 사회의 학벌이 만들어낸 가치관이 얼마나 견고한지 그때 필자는 처절히 깨달았다.

고졸은 7급 조원부터, 대졸은 4급 사원부터 직급이 시작된다. 필자는 고졸이라 사회 첫발을 조원으로 내디뎠다. 7급 조원이 2년에 한 단계씩 올라간다고 해도 대졸 신입과 같아지는 4급사원이 되려면 최소 6년이 걸렸다. 물론 정상적으로 승진한 경우에 그렇다. 그 이후의 승진은 훨씬 더 버거워졌다.

고졸이라도 입사 후 4, 5년이 지나면 임금, 승진 등에서 대졸 직원과 동등한 대우와 직위를 보장받게 된다는 창업주의 격려가 얼마나 허무맹랑한 얘긴지 깨닫는 덴 그다지 많은 시간이 필요치 않았다.

어느 시인은 자신을 키운 건 '바람'이라고 했는데, 나의 경우엔 '열등감'이었다. 고졸 학력으로는 넘어서기에 너무나 높아만 보이는 벽을 허무는 길은 더 배우는 수밖에 없음을 깨닫고 주경야독으로 못하는 공부 길(?)로 들어섰다. 덕분에 (부끄럽지만) 지금의 내가 있다. 당시 내 앞을 가린 가혹한 환경에 무릎 꿇고 공부에 대한 미련을 접었더라면 어떻게 됐을까!

최고 두뇌가 밝힌 공부 이유?

지나가는 학생을 붙잡고 연예인이 묻는다.

"혹시 수능 만점 받았나요?"

"예."

그 옆 학생에게도 묻는다.

"수능 몇 점 받았어요?"

"398점 받았습니다."

딱 한 문제만 틀렸다는 답변이다. 얼마 전 KBS 프로그램인 〈해피선데이 1박 2일〉에서 출연자들과 서울대 학생들이 주고받은 대화다. 명실공히 대한민국 최고의 공부 달인들만 모였다는 서울대. 이 학생들은 공부하는 이유를 뭐라고 했을까? 자못 궁금하다.

EBS에서 방영하는 프로그램인 〈다큐프라임〉의 '서울대 A+의 조건'에서 게시판을 빼곡하게 채운 메모지 영상이 비춰지는데 그 가운데 몇 가지다.

"관성."

"할 게 없어서."

"살아남기 위해서."

"잘할 수 있는 게 없어서."

"똑똑한 사람들과 대화하면 재밌어서."

"뚜렷한 목표가 있는 것은 아니지만, 이것 때문에 발목 잡히고 싶지 않다."

"공부 잘한다고 해서 달려왔는데, 공부밖에 할 줄 아는 게 없어서."

"우연히 남보다 잘해서 시작했고, 관성으로 계속해왔고, 그래도 아직은 재밌어서 지금도 하고, 할 줄 아는 게 이뿐이라 앞으로도 할 듯."

다수의 서울대생이 공부하는 이유를 관성(慣性)이라고 답했다. 사뭇 충격적이다. 오로지 '관성'으로 공부했기에 서울대 갔지, 뭔가 특이해 보이는 목표를 세우고 다양한 사고를 한 사람은 서울대 못 갔다는 얘기로도 들린다.

도대체 관성이란 게 뭔가? 모든 물체는 자신의 운동 상태를 그대로 유지하려는 성질을 가진다. 정지한 물체는 계속 정지하려 하고, 반면에 운동하는 물체는 원래의 속력과 방향을 그대로 유지하려 한다.

최고 수준의 지적 훈련과 실천이 수반돼야 할 공부도 운동처럼 관성이 지배한단 말인가! 잘 안다. 어린 시절부터 무작정 명문대 진학만을 꿈꿔온 '공부' 관성을 꺾기란 쉽진 않았을 것이다.

이 방송 인터뷰에서 서울대에서도 성적이 좋은 우등생은 이런 답을 하고 있다.

"사실 생각을 많이 안 해봤던 거 같아요."

"'그걸 왜 저한테 물어보세요'라고 할 거 같아요. 공부 안 하면 안 되니까. 뭐 당연한데. 뭔가 더 부담스러워요, 다른 이유까지 말해달라고 하면."

"엄마가 시켜서 했죠. 시작은 엄마가 시켜서 했고, 제대하고 나서는, 이거라도 안 하면 안 될 것 같아서 합니다."

어디선가 접한 우스갯소리 하나가 생각난다. 엄마가 시키면 시키는 대로 잘 따라 한 덕분에 하버드 대학까지 간 아이가 있었다. 이 대학 졸업식을 하던 날 아이가 묻는다.

"엄마, 이제 나 뭐해?"

그런데 이제 이게 결코 우스갯소리가 아니라, 대한민국에선 얼마든지 진실일 수 있다는 현실에 소름이 확 돋을 지경이다.

복잡한 미분과 적분은 왜 배워?

교육은 사실을 배우는 게 아니라, 머리로 생각하는 훈련을 하는 거다 (Education is not the learning of facts, but the training of the mind to think).

20세기 최고의 창의력 소지자로 일컬어지는 아인슈타인의 말이다.

교육이란 당신의 머릿속에 단순히 지식이란 이름의 씨앗을 심어주는 걸로 끝나는 게 아니다. 그 씨앗이 싹을 틔우고 다양한 열매를 맺을 수 있게끔 도와주는 가장 성스럽고 원초적인 작업이라는 깨우침이다.

그런 아인슈타인의 지적에 견줘보면 대한민국을 앞장서서 이끌어가야 할 서울대생의 답변은 유치하기 짝이 없다. 공부의 목표가 그저 '좋은 성적표'를 받는 것에만 집중돼 있어서다.

공부, 공부 하지만, 솔직히 사칙연산만 할 줄 알면 생활엔 큰 지장이 없다. 그런데 왜 비싼 사교육비 들여가며 복잡한 미분과 적분을 배우는 걸까? 이유는 그걸 사회에 나가 당장 써먹으려는 것보다 문제 풀이 과정에서 습득하게 되는 지식(응용력, 사고력, 논리력, 문제 해결력 등)과 사고 패턴을 익힘으로써 당면하게 될 난제를 보다 쉽게 해결하기 위함이 아니겠는가!

공부의 목적으로 회자되는 것 가운데 비교적 설득력을 지닌 말이 있다면, "세상을 보는 안목과 판단력을 기르기 위한 것!"이라거나, 조금 철학적 의미를 가미해 "자신이 어떤 존재이고 어떻게 살아야 하는지를 찾기 위해서!" 등이다. 선현들의 관점과 지혜를 압축시켜놓은 게 공부이기에 그렇다.

따지고 보면, 공부만큼 이른바 '가성비'가 탁월한 것도 없다. 투자 대비 성과의 경제적 효과가 가장 큰 게 공부다. 실제로 공부로 상위 10% 안에 들면 먹고사는 데는 지장이 거의 없다. 그러나 스포츠계나 연예계, 문화계 등에서 100명 중 10등이라면 응당 '투잡'이나 '쓰리잡'을 뛸 각오를 해야 한다. 이들 분야에서 10등은 아무도 기억하지 못하는 꼴찌와 별반 다르지 않아서다. 실제로 예술인 두 명 가운데 한 명은 '투잡족'이다.

지난 1998년 LPGA 투어에 데뷔해 통산 25승을 달성한 골프 여왕 박세리를 시작으로 피겨 여왕 김연아, 마린 보이 박태환, 빙속 여제 이상화, 연예계로 넘어가면 국제 가수 싸이, 한류 원조 가수 보아, 한국인 최초로 쇼팽국제피아노콩쿠르에서 우승한 조성진 등은 아무나 되는 게 아니다. 자기 분야에서 세계 1등이 되기까진 필설로는 다 표현할 수 없을 만큼의 땀과 노력이 있었다. 아니 그들이 지금껏 투자한 노력을 공부로 돌렸더라면 훨씬 더 큰 성공을 거두었을지도 모른다.

수시 전형에 합격해 한숨을 돌린 조카는 커피 전문점에서 하루 4시간의 아르바이트를 시작했다. 아르바이트 이틀째를 겨우 끝낸 그의 입에서 튀어 나온 말은 이랬다.

"공부만큼 쉬운 게 없어요."

가족 모두 한바탕 크게 웃었지만, 세상만사에 무수히 휘둘린 어른들 눈엔 조카의 작은 깨달음이 조금씩 세상의 진실을 알아가는 것으로 보여 대견하고 흐뭇했다.

누군가 필자에게 "공부는 왜 하는가?" 하는 물음을 던져온다면,

미래는 예측하는 게 아니라 누군가가 결정하고 창조하는 것이다. 그런 사람이 되자면 다양한 지식과 경험이 필수적인데, 그건 바로 '공부'를 통해 쌓을 수 있다.

라고 말해주고 싶다.

공부를 통해 풍부한 지식과 경험(간접 경험)이 축적되면, 폭넓은 해석과 미래를 읽는 혜안을 길러 남다른 생각과 다양성, 뚜렷한 주관을 가질 수 있다. 그건 인생에서 크나큰 경쟁력이요, 삶의 지혜이며, 창의력에 이르는 지름길이다.

당부한다, 아니 냉정히 충고한다. 학력이 높지 않아도 된다. 하지만 공부는 꼭 해야 한다. 그것도 삶이 허락하는 내내. 그래야만 우리 삶 속에서 생각의 다양성을 크게 꽃 피우고 지닐 수 있다.

다양성 키우기	촉진(+)	관찰(observation)
		제3안(3rd alternative)

앞의 Part 1에선 다양성(개성)이 왜 중요하고 어떤 의미를 지니며 그것이 함축하는 진정한 가치에 대해 살펴보았다. 또 쏠림과 획일성으로 가득 찬 우리 사회에 대한 반성과 문제점, 나아가야 할 방향, 사례 등도 함께 짚어보았다.

이번 Part 2에선 생각의 다양성을 키우기 위해 실천에 옮겨야 할 두 요소, 즉 '관찰'과 '제3안'의 의미와 사례, 실천 노하우 등을 구체적으로 설명한다.

2
Part

다양성의
씨앗
뿌리기

'애플빠'라는 걸 어디 입증해봐!

관찰, 다양성을 확보하는 눈

새로운 걸 발견하고 싶다면, 어제 걸었던 길을 다시 걸어라.

존 버로스(미국 수필가)

출처: http://www.businessinsider.com/apple-logo-identification-test-2015-3

애플 로고같이 보이는 그림이 12개 나열돼 있다.

사과를 베어 문 위치나 잎사귀 방향을 달리한 사과 로고다. 그 가운데 한 개를 제외하곤 모조리 애플의 짝퉁이다.

비단 당신이 '애플빠'는 아닐지라도 대한민국 사람이라면 매일 어디에서건 쉽게 접할 수 있는 로고 가운데 하나다.

진짜 애플 로고는 어느 것일까?

'리자' 부인 머릿결은 직모?

"과학자는 말이야, 인내심과 관찰력이 필요하다네."
교수는 그렇게 말한 뒤 오줌이 든 컵 속에 자기 손가락을 넣었다가 빼내 입속에다가 넣고는 쩝쩝 그 맛을 봤다.
"헐, (말도 안 돼.) 우웩!"
학생은 얼굴을 잔뜩 찌푸리면서도 울며 겨자 먹기로 지도 교수를 따라 했다. 그 모습을 지켜보던 교수는 일갈했다.
"인내심은 있는 것 같은데, 관찰력은 빵점이군! 내가 컵 속에 넣은 건 새끼손가락이고, 입에 넣은 건 집게손가락이라고."

애플사의 첫 로고(1976년)를 본 적이 있는가?
그 로고는 물리학자 뉴턴이 사과나무 아래에 앉아 엄숙하게 책을 읽는

모습이다. 나무에서 사과 떨어지는 걸 보고 만유인력 법칙을 떠올렸다는 얘기를 묘사한 그림이 로고로 사용됐다.

그러고 보면 뉴턴이 만유인력을 발견할 수 있었던 것 역시 관찰력 덕분이다. 나무에 달린 사과가 땅에 떨어지기 시작한 게 어디 뉴턴이 활동하던 시절부터였던가!

현재의 애플 로고와는 꽤나 동떨어진 모양새다. 이후 단순함(simplicity)이라는 애플의 경영 철학을 담아 '사과를 한 입 베어 문 모양'으로 디자인이 바뀌었다. 그 어떤 로고보다 심플하다는 평가다.

그런 단순한 디자인은 때론 경쟁자의 비난 대상이 되기도 한다. 승승장구하는 애플에 화가 잔뜩 나 있던 IBM은 딴지를 걸었다.

"애플은 썩은 사과와 같다."

이에 대한 스티브 잡스의 대응은 냉정함을 넘어 촌철살인 그 자체였다.

"애플은 썩은 부분을 완전히 도려냈기에 이제는 아주 깨끗하다."

단순함의 극단을 추구한 애플 로고는 누구나 쉽게 기억한다. 사실일까, 아닐까? 진실은 당신이 다음 빈칸에 그 로고를 직접 그려보는 걸로 입증된다. 1분이 주어진다.

애플 로고를 그려보라.

이제 1분이 모두 흘렀다. 어떤가? "뭐, 그 정도야!"라고 우습게 생각했는데, 직접 그려보니 예상외로 어렵진 않았는가?

괜찮다. 여긴 미국이 아니고 한국이다. 한국인 손에 들려 있는 스마트폰이나 노트북에는 대부분 국내 기업 로고가 선명하다. 그런 까닭에 '애플빠'가 아닌 이상 그 로고를 정확히 못 그렸을 수도 있다.

문제는 미국 학생들이다. UCLA 심리학과 앨런 카스텔(Alan Castel) 교수 연구진은, 대학생 85명에게 애플 로고를 그려보라고 했다. 놀랍게도 로고를 정확히 그린 학생은 단 한 명에 그쳤다.

첫머리에서 사과를 베어 문 위치나 잎사귀 방향을 달리한 사과 로고 12개를 제시했다. 이 실험에서도 대상 학생 47%만이 진짜 애플 로고를 맞췄다.

20여 명이 수강한 내 수업에서도 이 실험을 진행했는데, 애플 로고를 정확히 그린 사람은 불과 두 명이었다. 다만, 미국 학생 실험 결과보단 정답률이 높아 다소 위안이 되긴 했다.

　빨간색 하면 떠오르는 국내 유명 기업 로고가 하나 있다. 알파벳 L과 G로 표현된 LG 로고로 자주색에 가까운 빨간 얼굴이다. 그런 LG 로고를 한번 그려보라.

LG 로고를 그려보라.

매일 저녁이면 어김없이 당신의 오른손 위에서 놀고 있는 TV 리모컨. 그걸 한번 그려보라. 물론 기억력에만 의지해서다. 이 외에도 몇 가지를 더 출제해본다.

- 명화 〈모나리자〉의 머릿결은 '곱슬머리'인가, '직모'인가?
- 신호등을 왼쪽부터 차례로 그 색(화살표 포함)을 언급해보라.

• 500원짜리 동전에 등장하는 새는 학이다. 학은 어느 쪽으로 날고 있을까?

다빈치, 모나리자, 1503~1506년, 나무판 위에 유채, 77× 53cm, 루브르 미술관.

애플 로고와 LG 로고는 물론이고 앞의 세 가지 질문 모두에 대해 정답을 낸 독자가 있다면, 우선 찬사를 보낸다. 관찰력에 한해선 거의 신의 경지에 가깝다고 해도 좋겠다. 반대로 생각이 잘 떠오르지 않아 아무것도 답하지 못했다면, 평소 관찰 습관에 약간의 문제가 있는 듯 보인다. 그렇다고 실망하진 마라. 기회는 또 있다.

마지막으로 한 문제만 더 내보겠다. 먹잇감의 심장을 꿰뚫는 날카로운 매의 눈으로 다음 지문을 읽어보라.

당신은 10명의 승객을 태우고 출발지를 떠났다. 첫 번째 정류장에서 4명이 내리고 2명이 탔다. 다음 정류장에서 3명이 내리고 7명이 탔다. 그다음 정류장엔 버스가 멈췄지만 아무도 내리거나 타지 않았다. 이어 다음 정류장에서 7명이 내리고 6명이 탔다. 마지막 정류장에선 6명이 내리고 1

명이 탑승했다.

여기서 질문 나간다. 5초 안에 답해야 한다.

"운전자 나이는 몇 살인가?"

"뭐~ 이래? 타고 내리는 승객 숫자만 더하고 뺐는데 무슨 뜬금없이 운전자 나이야?"라고 말하는 듯한 황당하고 허탈한 표정을 짓지 마라. 주어진 시간에 쫓긴 나머지 혹시 이런 답을 하진 않았는가?

"60살."

물론 틀렸다. 그건 현재 버스 안에 남아 있는 승객 숫자에다 뒤에 0을 하나 덧붙인 것에 불과하다. '당신' 나이가 바로 문제의 정답이다. 관찰의 힘이 부족하면 이처럼 바로 눈앞에 언급(기록)된 사실조차 제대로 읽어내지 못한다.

한 문제만 더 달라고? 이번엔 꼭 맞출 수 있다, 부탁이라고? 그럼 좋다. 바라거니와 이번만큼은 주어진 지문을 유심히 관찰하면서 읽어나갔으면 좋겠다. 참 쉬운 문제다.

당신은 10명의 승객을 태우고 출발지를 떠났다. 첫 번째 정류장에서 4명이 내리고 2명이 탔다. 다음 정류장에서 3명이 내리고 7명이 탔다. 그다음 정류장엔 버스가 멈췄지만 아무도 내리거나 타지 않았다. 이어 다음 정류장에서 7명이 내리고 6명이 탔다. 마지막 정류장에선 6명이 내리고 1명이 탑승했다.

조금 전 문제랑 지문이 똑같잖아? 그렇다. 완전히 똑같다. 다만 질문이 다를 뿐이다. 3초 이내로 답해야 한다.

"버스가 정류장에 멈춘 회수는?"

"으~응, 왜 질문이 늘 내 예상을 비켜가지!"

급히 이 지문에 집중해 정류장 수를 세어보지만 주어진 시간이 모두 흘러버렸다. 결국 당신은 눈으론 봤는데 다양한 생각을 하지 않았다. 생각(예상 질문)에 여지를 두지 않았다. 이제 당신에겐 이 책을 읽어야 할 명확한 핑곗거리 하나가 생긴 셈이다.

간단한 암산 문제다. 단숨에 풀어보자.

1,000에다 30을 더한다. 이번엔 1,000을 더한다. 여기에 20을 더하고, 다시 1,000을 더한다. 또 40을 더하고, 다시 1,000을 더한다. 마지막으로 10을 더한다.

합계는 얼마일까?

평소 암산에 능한 당신은 곧장 답을 쏟아낸다.

"5,000."

또 틀렸다. 다시 한 번 잘 계산해보라.

우리 고정관념은 이 암산 문제를 푸는 과정처럼 이 순간에도 자신의 생각 곳곳을 지배하면서 작동하고 있다. 어쩌면 관찰 역시 그럴지 모르겠다. 정답은 4,100이다.

저런 버릇없는 녀석이 다 있어!

저렴하면서도 푸짐하게 보일 것! 먹음직스러우면서 맛도 건강에도 좋을 것! 주문에서 인도까진 초(超)스피디할 것!

이제 햄버거는 우리 사회의 온갖 모순된 욕구까지 충족시켜야 할 난제와 당면하고 있다. '햄버거' 하면 떠오르는 패스트푸드 업계 최강자 'M사' 얘기다.

M사가 가진 최대 강점은 철저한 표준화다. 세계에서 가장 빠른 서비스를 제공하겠다는 목표 아래 메뉴를 단순화하고 모든 공정을 표준화시켰다. 주문받은 햄버거를 단 45초 안에 만들고, 80초 내외로 고객에게 인도한다는 가이드라인도 마련했다.

상품 구성과 조리 방법은 물론 점포별 맛과 분위기 차이가 없도록 조리 기구와 접객 노하우에 이르기까지 철저하게 매뉴얼로 만들었다. 배달 시간에도 가이드라인을 두었는데, 주문 상품이 배달 직원에게 전달되는 전 과정을 7분 30초에 끝내야 한다. 또 배달 시간(10분)을 포함해 17분 30초 안에 상품 전달을 목표로 삼았다. 심지어는 화장실 운영 규칙까지 만든 매뉴얼을 배포하고 있다.

과유불급(過猶不及)이라 했던가! 지나치면 부족함보다 못한 법. 일부 고객은 M사로 대표되는 패스트푸드 전문점의 지나치게 획일화된 서비스가 눈에 거슬린다고 한다. 지인인 초등학교 교사로부터 들은 얘기다.

동아리 학생들에게 나눠줄 심산으로 M사에서 햄버거 25개를 주문했다고 한다. 그랬더니 카운터의 직원이 묻더란다.

"가져가실 거예요? 드시고 가실 거예요?"

순간 지인은 말문이 막혀버렸다고 한다.

"너라면 이걸 여기서 혼자 다 먹겠냐?"

이 말이 목구멍 끝까지 차올랐지만 참았단다. 직원의 접객 서비스가 마치 영혼이 날아가 버린 로봇처럼 느껴졌다고 덧붙였다. 그 상황에 어울리는 인간적 소통미가 없었던 거다.

직원이 조금만 관찰력을 가졌더라도 25인분의 햄버거가 여기서 먹을 건지 아니면 가져갈 건지는 충분히 가늠할 수 있다. 그 대신 어떻게 나눠 포장할 건지 물었다면 상황에 어울리는 훌륭한 접객 서비스가 됐지 않았을까!

이 에피소드는 결국 점내의 모든 시스템을 표준화하다 보니 직원은 매뉴얼에 나와 있는 내용을 마치 기계처럼 읊고 있다는 것을 잘 보여준다.

안녕하세요. 주문 도와드리겠습니다. 뜨거운 라떼 두 잔이랑 아이스 아메리카노 한 잔 하시고요, 아 고객님 죄송합니다. 저희 매장에서는 카푸치노를 차갑게 준비해드리지 않고 있어요. 네. 그럼 카푸치노 대신 카페 모카로 한 잔 하시고요, 아이스로요. 위에 생크림 올라가는데 어떻게 하시겠어요? 빼드릴까요? 알겠습니다. 주문 확인해드릴게요. 뜨거운 라떼 두 잔, 아이스 모카 한 잔, 아이스 아메리카노 한 잔 하셨습니다. 더 필요하신 건 없으시고요? 네. 음료 4잔 1만 8,500원 계산 도와드리겠습니다. 할인이나 적립되는 카드는 없으세요? 아, 없으시다고요. 네, 결제 도와드릴게요. 카드 받았습니다. 앞쪽에 서명 부탁드리겠습니다. 카드 받으시고요, 감사합니다. 음료 준비되면 오른쪽 픽업 테이블에서 준비해드릴게요. 아, 영수증. 버려드릴게요. 뒤에 분 주문 도와드리겠습니다(《오마이뉴스》, 2011년 6월 17일자)

매뉴얼이 가진 장점은 많다. 상세한 부분까지 진행 과정을 작성해서 누구든지 그에 따르기만 하면 시스템은 원활하고 안정적으로 작동한다. 그런 측면에선 매뉴얼은 참으로 효율적이다. 특히 "제일 빨리 되는 게 뭐예요?"라며 시간과 사투를 벌이는 이들에겐 말이다.

다만, 직원이 피곤에 절어 미소를 잃고 관찰력과 창의력이 뒷전으로 밀리면서, 규정과 전례만을 추종하는 영혼 없는 인간으로 보일 수 있다. 그렇게 되면 예상치 못한 일에 대해선 응당 속수무책일 수밖에 없고, 새로운 것에 대한 도전 정신도 존재할 리 없다.

또 세부적 매뉴얼로 인해 '부분'에 지나치게 함몰되면, '전체'를 읽어내는 관찰 능력이 흐려지거나 손상을 입을 수 있다.

- 저, 저런 버릇없는 놈이 다 있나. 늙은 아비가 힘들게 당나귀를 끌고 가는데, 아들이란 놈은 편안하게 당나귀를 타고 가다니! 도무지 어른을 공경할 줄 몰라!
- 아이코, 가엾기도 해라. 아이가 이 뙤약볕 아래 걸어가는데 뻔뻔스럽게도 아비 혼자 당나귀를 타고 가다니. 아들은 다리가 아프든 말든 자기만 편하면 만사가 땡인 줄 아나!
- 저렇게 왜소한 당나귀 등에 두 사람이나 올라타고 가다니. 쯧쯧, 불쌍하기도 하지. 아무리 말 못하는 동물이라지만 저렇게 막 다루다니, 참 인정머리도 없는 사람들이야!

《이솝 우화》에 등장하는 〈당나귀 팔러 가는 아버지〉 얘기다. 시장 가는 길에 아버지와 아들이 주변 사람들로부터 들어야 했던 갖은 평가와 비난이다.

이 우화가 던지는 메시지는, 무슨 일을 하든지 자신의 뚜렷한 주관을 가지고 행동해야 한다는 뜻이다. 또 군맹무상(群盲撫象), 즉 여러 맹인이 코끼리를 더듬는 것처럼 좁은 소견과 주관으로 사물을 그릇 판단해 이런저런 불평불만을 쉽게 내뱉어선 안 된다는 주장이기도 하다.

무엇보다 소중한 교훈이라면, 어떤 사물이나 대상을 관찰할 땐 항상 '전체'를 시야에 두고 상황을 파악해야 한다는 것을 일깨운다. 좀 더 깊이 생각해보라. '부분'이라고 하는 건 항상 '전체'라는 틀 안에서 존재하고 구성돼 있지 않은가!

예를 들어 '나무'를 관찰할 때 잎이나 가지, 줄기, 뿌리와 같은 '부분'에 주목하는 경우라도 항상 '나무'라고 하는 '전체'를 시야에서 배제시키면 안 된다. 그랬다간 '나무'라고 하는 본질을 잃어버린 채 가지나 줄기 등 각 부분에 과도하게 사로잡힐 수 있다. 그렇게 되면 본질과는 점차 멀어지면서 숲은 고사하고 나무조차 제대로 관찰할 수 없다.

행운아와 불운아를 가르는 경계

신은 장사다
사람을 든다.

(성주 대서초등학교 4학년 이흔덕, 〈신〉)

순수한 호기심 덕분에 아이는 이와 같은 대단한 시를 읊을 수 있었다. 호기심이 없었다면 맨날 신을 신고 다니면서도 신이 사람을 든다는 발상은 절대 하지 못한다.

'보는 것'과 '관찰한다는 것' 사이엔 상당한 괴리가 있다. 그래 관찰(observation)이란 특정 사물을 얼마나 자주 접하느냐의 문제가 아니라, 얼마나 의문(호기심)과 의식(인식)을 가지고 접하느냐가 관건이다.

거실에서 텔레비전을 보고 있던 막내딸이 아예 소파에 드러누워 있기에 한마디 거들었다.

"소파에서 졸지 말고 방에 들어가서 자라."

"안 자요. TV 보고 있단 말이에요."

"자고 있으면서 뭘!"

"아빠도 자고 있으면서요."

"내가 어디 자고 있니?"

"아빠 다리가 자고 있잖아요."

거실 바닥에 앉아 두 발을 소파에 올려 놓은 내 모습을 보고 초등생 딸은 그렇게 표현했다. 이 또한 아이의 호기심 가득한 관찰력 덕분이다. 어른도 아이처럼 또 다른 눈으로 세상을 관찰해야 함을 새삼 깨우친다.

사물을 이해한다는 것이 단순히 안다는 것과 크게 다르듯이, 평소 관찰을 했다곤 하지만 늘 허상만 봐왔을 수도 있다. 주위를 의문과 의식을 가지고 유심히 바라보는 습관이 부족해서다. "오직 준비된 자만이 중요한 것을 관찰하는 기회를 잡을 수 있다"라고 한 루이 파스퇴르(Louis Pasteur)의 주장에 귀 기울여보자.

다행스럽게도 관찰하는 힘은 어디까지나 단순한 스킬이어서 누구든지 기를 수 있는 자질 가운데 하나다. 몇 가지 좋은 습관을 익히는 것만으로 관찰력을 높일 수 있다.

어떤 행동이든 습관이 되려면 두 달 정도 시간이 필요하다고 한다. 처음부터 눈에 쌍심지를 켜지 않아도 된다. 소소한 호기심에서부터 관찰을 시작하자.

관찰은 거창한 것을 찾아내는 것이 아니라 소소한 걸 새로운 눈(호기심)으로 보는 거다. 즉, 같은 걸 남들과 다르게 보는 것이고 익숙한 걸 낯설게 받아들이는 작업이다.

인간이 창조하는 건 미미하다. 오로지 존재하는 자연을 모방하고 인용할 뿐이다. 따지고 보면 정반대 입장도 일종의 모방이다. 그런 측면에서 관찰이 가지는 의의는 더없이 값지다.

답해보라. 왜 어떤 이는 운(運)이 좋고, 어떤 이는 그렇지 못한가?

모든 게 타고난다는 사주팔자 때문인가? 촉이 남다른 걸까? 영국 하트퍼드셔 대학 교수인 리처드 와이즈먼(Richard Wiseman)은 동료들과 흥미로운 실험을 했다.

이른바 운이 좋은 그룹과 나쁜 그룹으로부터 한 명씩을 뽑은 다음, 이 두 사람을 대상으로 동일한 환경에서 같은 내용으로 실험을 진행했다.

실험 내용은 극히 단순했다. 피실험자 두 사람에게 카페에 가서 커피 한 잔을 마시고 오라는 미션이 전부였다. 다만, 카페로 향하는 도중엔 땅바닥에 5파운드 지폐를 미리 떨어뜨려놓았고, 이어 카페를 찾은 피실험자 옆자리엔 기업가(CEO)를 대기시켜놓아 언제든지 그와 대화를 나눌 수 있도록 했다.

실험 결과는 어떻게 되었을까? 우리 예상을 뛰어넘어 실험 결과가 던지는 교훈은 심오했다.

이른바 운이 좋은 사람은 카페로 향하는 도중 땅바닥에 떨어진 5파운드 지폐를 잽싸게 알아채곤 이를 챙긴 뒤 유유히 카페 안으로 들어섰다. 그러곤 커피를 주문해 마시다 옆 사람(기업가)과 눈이 마주치자 대화를 시작했다. 잠시 뒤 둘은 마음이 통했던지 연락처까지 교환하곤 헤어졌다.

한편 운이 나쁜 사람은 카페로 향하는 도중 무슨 생각에 정신이 팔렸는지 땅바닥에 나뒹구는 5파운드 지폐를 눈치채지 못한 채 그냥 지나쳐 카페에 도착했다. 그는 카페 안에서 묵묵히 홀로 앉아 옆에 앉은 기업가와는 시선도 마주치지 않은 채 커피만 마시곤 카페를 나와버렸다.

이 실험 결과에 대한 당신의 생각을 들려줘라. 다양한 해석이 가능하겠으나, 무엇보다 행운아와 불운아를 가른 경계는 바로 관찰력(마음가짐)이었다.

타고난 '성격이 팔자'라고도 변명할 수도 있다. 그럼 그 성격을 바꾸는 게 옳다. 하지만 주변의 사소한 변화도 놓치지 않으려는 관찰력, 그런 마음가짐의 차이가 지금의 행운아와 불운아를 갈랐다는 점만큼은 간과해선 안 된다.

개인만이 아니라 기업에게도 관찰은 중요하다.

다음은 잡지 《와이어드(Wired)》의 공동 창간자 가운데 한 사람인 케빈 켈리의 말이다.

미국에서 기업들은 4년마다 고객의 절반을 잃는다. 불만 고객의 96%는 조용히 그 기업과 인연을 끊는다. 신규 고객 유치는 기존 고객 관리보다 5배나 비용이 든다. 반면 충성도 높은 단골은 다른 고객들보다 4배나 많은 돈을 쏟아붓는다. 이거야말로 고객을 관찰하고 고객을 만족시키려는 절대적인 이유다.

고객에 대한 관찰 없이는 고객 만족은커녕 기업 자체도 존립할 수 없음을 잘 꼬집고 있다.

'관찰'의 사전적 정의는 사물이나 현상의 실태를 객관적으로 파악하기 위해 주의 깊게 살펴보는 걸 가리킨다. 관찰이 중요한 이유는 벼락같이 돌연 찾아드는 세상사나 사건은 하나도 없기 때문이다. 폭풍우 전엔 구름이 모인다. 대형 사고가 터지기 전에 그와 관련된 수많은 경미한 사고와 징후들이 반드시 동반된다는 하인리히의 법칙이 잘 일깨워준다. 그런 인과관계의 징후를 읽어내는 능력 또한 관찰에서 나온다.

어디 사고뿐이겠는가. 무심코 흘려버린 일 하나가 세상 사람 모두를 위험에 빠뜨리는 치명적 요소가 될 수 있다. 관찰은 그런 위험을 최소화할 수 있는 유용한 도구다.

또 세계 최고의 IQ 소지자 메릴린 보스 사반트(Marilyn vos Savant)는 "지식을 얻으려면 공부를 해야 하고, 지혜를 얻으려면 관찰을 해야 한다"고 했다. 관찰은 지혜로 가기 위해 꼭 건너야 하는 다리임을 일깨운다.

또 '관찰력'이란 사물의 어떤 순간적 상태나 혹은 '이전'과 '지금'의 변화를 읽어내는 힘이라고 할 수 있다. 특이한 점은 뭔지, 어떤 점이 좋고 나쁜지, 개선할 내용은 뭔지 등을 꿰는 힘이다. 그런 관찰력이 쌓이면 다양성이 모든 생각에 자연스레 묻어나오게 된다.

대개 뛰어난 관찰력의 소유자는 풍부한 커뮤니케이션 능력의 소유자이기도 하다. 상대의 상황을 재빨리 읽고, 상대의 변화에 맞춰 다양한 대화를 구사한다. 그건 상대의 복장을 시작으로 머리 모양, 안경, 버릇, 안색 등 눈에 비치는 부분을 세세하게 꿰는 관찰력 덕분이다.

내일 귀가 안 들릴 사람처럼 소리에 귀 기울여보고, 내일 후각을 잃을 사람처럼 갖은 냄새를 맡아보며, 내일 눈이 보이지 않을 사람처럼 주변 사물을 관찰해보라.

관찰은 위대한 예술이다

인간 뇌는 모든 걸 볼 수 있도록 설계돼 있지 않다.

어느 한곳에 집중하는 순간, 다른 건 무시하도록 돼 있다. 가령 모든 영역에 걸쳐 뇌가 주의를 기울인다면, 정보 과부하로 인해 뇌가 폭발할지도 모른다. 관찰에서도 그런 뇌의 특성을 잘 이해할 필요가 있어 보인다.

보이지 않는 고릴라 콘셉트의 '무주의 맹시(inattentional blindness)' 실험으로 유명한 하버드 대학의 심리학자 대니얼 사이먼 교수는 이런 얘기를 했다.

특이점을 찾아내는 훈련을 하라. 영화 촬영 현장에서 일하는 각본가는, 관객이 눈치채게 되면 영화에 치명상을 안겨줄 수 있는 걸 집어내는 노하우를 가지고 있다. 그래서 각본가는 그런 점만을 진지하게 찾을 뿐 그 외의 문제에 관해선 통상 무시해버린다.

사이먼 교수가 언급한 영화 각본가처럼 관찰력을 기르기 위한 가장 좋은 훈련 방법은 뭘까? 그건 바로 '어떤 걸 무시할까?'를 우선 체득하는 것이다.

백번 지당한 얘기다. 모든 사물에 주위를 기울인다는 건 인간으로서 애당초 불가능하다. 그렇다면 가장 우선적으로 관찰해야 할 게 뭔지를 결정하는 게 핵심이란 의미다. 그런 자세가 결여되면, 보고 싶은 것만 보고, 믿고 싶은 것만 믿어 본질을 왜곡시키거나 늘 속고만 살 수 있다.

다음 작품을 보라. 너무도 유명한 로댕의 〈생각하는 사람〉이다. 사색에 빠져 있는 한 인간을 너무도 리얼하게 묘사한 조각상으로 잘 알려져 있다.

어린 시절 누구나 한 번쯤 "대체 이 작품의 주인공은 무슨 생각을 하고 있는 걸까?" 하는 물음을 던져보았으리라. 당시 아이들은 "삶이란 무엇일까?" 하는 진부한 생각도, "내 팬티 어디 갔나?" 하는 농 섞인 대답을 했던 걸로 기억한다.

〈생각하는 사람〉에 대한 관찰의 힘은 마침내 여기에까지 이르렀다. 얼마 전 일본 구마모토(熊本) 시의 대장과 항문 전문인 '타카노(高野) 병원' 의사들이 이탈리아 의학 잡지에 다음과 같은 연구 결과를 실었다.

상체를 쭉 펴는 것보단 '생각하는 사람'처럼 앞쪽으로 기울인 자세가 서양식 화장실(좌변기) 배변엔 가장 이상적이란다. 이 자세에서 배변이 더 잘 되는 이유는 상체를 펼 때보다 항문과 직장의 휘어진 각도가 커지고 치골직장근 길이가 길어지기 때문이란 분석이다.

변비로 고민하고 있는 사람이라면, 우선 '생각하는 사람' 포즈를 취해 보면 좋을 거란 조언도 덧붙이고 있다. 다만, '생각하는 사람'과 같이 한 손으로 턱을 고이는 자세는 배변에 별 도움이 안 된단다.

일부 전문가는 '생각하는 사람'의 현재 자세론 근육이 많은 양의 산소를 소모하게 돼 있어 정작 뇌로 생각하기엔 힘든 자세라고도 하는데, 글쎄다. 아무튼 대단한

관찰력이다.

세상엔 관찰 대상과 사물로 넘쳐난다. 지하철 하나만 보더라도 승객들이 어떤 옷이나 액세서리를 착용하고 있는지, 최근 트렌드는 뭔지 또 어떤 자세를 취하고 있는지, 지하철 벽이나 기둥의 광고, 차창으로부터 들어오는 외부 풍경 변화는 뭔지 등 관찰 재료는 무한하다.

기간이나 시기별로 관찰 테마를 바꿔가며 관찰력을 키워가는 것도 좋겠다. 역지사지(易地思之)의 마음가짐도 유익하다. 한 사람에겐 바닥이지만 다른 사람에겐 천장일 수 있어서다.

얼마나 먼 곳을 여행하는가보단 얼마나 많은 것을 꿰고 알아차리는가가 중요하다. 관찰은 새로운 풍경이 아니라, 새로운 시각을 찾아가는 여정이다. 그렇게 우리 생각은 관찰 색깔만큼 울긋불긋 다양하게 물들어간다.

관찰은
거창한 것을 찾아내는 것이 아니라
소소한 걸 새로운 눈(호기심)으로
보는 거다.

우린 달라, 절대 구멍 나지 않는다고!

관찰력을 길러줄 5가지 노하우

엄마는 아이를 데리고 오랜만에 친정집을 찾았다.
외할아버지의 물음에 아이가 성의 없게 답한다. 지켜보던 엄마는 속상했다.
"아들, (오늘) 우리 아빠한테 왜 그래?" "엄만, (집에서) 우리 아빠한테 왜 그래?"

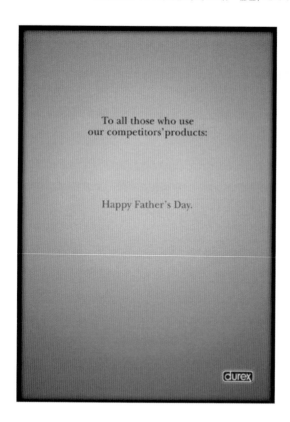

광고는 창의력의 진수요 산물이다.

막다른 골목에 이르렀다고 생각될 때, 주저 말고 광고를 뒤져보라. 담장을 훌쩍 뛰어넘을 만한 대단한 영감을 얻을 수 있다.

여기 광고 하나가 있다. 흥미로운 사진이나 그림, 미사여구 따위 일절 없다. 보일락 말락 하는 문장 한 줄로 파란 여백을 아주 조금 채우고 있을 뿐이다. 그 카피 한 줄은 이랬다.

To all those who use our competitors' products: Happy Father's Day.

풀이하면, 우리 경쟁사 제품을 사용하는 모든 이들에게 아빠가 된 걸 축하한다고 적혀 있다. 오~잉! 이게 무슨 제품 광고란 말인가? 곧바로 그 의미가 이해되는가? 혹시 하단 오른쪽 'durex'를 보고서야 특정 제품(콘돔)의 광고임을 알아채진 않았는가?

우리 제품은 질겨(?) 절대 찢어지지 않기에 의도하지 않은 아빠란 존재할 수 없다는 간결한 메시지다. 창의적 광고란 이런 게 아닐까! 다만 평소 관찰력과 상상력이 부족하면 이 문장을 정확히 해석했더라도 그 의미(메시지)까지 헤아리긴 쉽지 않다.

실천1. 의식을 수시로 깨워두기

"우리 탐정 사무실 계단이 몇 갠지 알아?"

명탐정 셜록 홈스가 파트너 왓슨에게 넌지시 물었다.

매일 오르내리는 계단임에도 왓슨은 몇 개인지 알지 못했다. 계단에 대해 평소 관심이나 의식을 하지 않았다는 표현이 옳다.

홈스는 왓슨의 자존심을 다시 한 번 긁어놓는다.

"넌 눈으로 보긴 하는데 관찰하진 않아(You see but do not observe)."

실제 우리들은 매일 오르내리는 계단도 스스로 의식하지 않으면 그 개수를 알지 못한다. 인간 기억력이란 대개 그 정도 수준이다. 그래서 관찰이란 스스로 인식하지 않으면 간과해버리기 쉬운 뭔가를 의식해 찾아내는 작업이다.

모든 건 의식에서 출발한다. 관찰도 예외가 아니다! 추리소설 탐정은 범인이 내뱉은 약간의 말이나 사소한 행동을 통해서도 사건 해결의 결정적 실마리를 찾아낸다. 어드벤처 영화의 주인공이 늘 한발 앞서 상황을 감지하고 생사의 갈림길에 놓인 동료들을 구출해 영웅이 되는 것처럼 말이다.

현실에서도 '아무것도 아닌 것에서 뭔가를 찾아내는 능력'은 한 사람의 인생을 크게 좌우할 수 있다. 오죽했으면, 앞서 행운아와 불운아를 가르는 결정적 경계는 관찰력의 차이라고 했겠는가!

그럼, 이런 '관찰력'은 어떻게 해야 길러지는 걸까? 그건 바로 아무렇지도 않게 바라보고 있는 일상 속에 수시로 관찰 스위치를 가동(ON)시키는 것이다. 특정 대상(관심사)을 접할 땐 늘 의식하면서 접하라는 얘기다.

자신이 먹은 식사 메뉴를 떠올려보는 것도 효과적이다. 당신은 며칠 전 메뉴까지 기억을 거슬러 올라가 생각해낼 수 있는가? 특별한 행사가 있었다면 제법 지난 메뉴라도 쉽게 떠올린다. 하지만 평범한 일상이었다면 사흘 이상 거슬러 올라가기도 쉽지 않다. 이걸 단순히 기억력의 문제라고도 치부할 수 있으나 그 이전에 의식 문제가 더 크다.

'컬러 배스 효과(Color Bath Effects)'도 적극 활용하라. 그 의미는 정확히 몰라도 살면서 누구나 한 번쯤, 아니 여러 번 경험하는 현상이다. 머릿속에 뭔가를 두게 되면 그게 길거리든 지하철 안이든 텔레비전에서든 어디에서든지 유난히 눈에 잘 들어온다.

가령 새 차를 사야겠다고 마음먹는 순간 거리에서 접하는 건 온통 자동차뿐이다. 또 차종을 경차로 결정했다면, 그 순간부터 눈에 들어오는 건 모조리 경차다. 평소 무심코 지나쳤던 게 머리로 의식한 이후부터 너무도 자연스럽게 눈에 들어온다.

그걸 이해했다면, 관찰할 대상을 우선 머리

에 담아둬라. 여기저기서 마구 보이기 시작한다. 그러면 더 자세히 관찰할 수 있다.

실천2. 가설을 세우고 검증하기

가설을 검증한다고? 딴 나라 얘기 같고 왠지 거북하게 느껴지는가?

직업에서 오는 습관 때문인지 필자는 가설을 세우고 검증하려는 버릇이 있다. 그렇다고 오해하진 마라. 가설 검증이라고 하면 다들 심오하거나 거창한 걸 떠올리기 십상인데 절대 그런 게 아니다.

이를테면,

"신호등이 바뀔 때 가장 빨리 출발하는 자동차 색상은?"

과 같은 약간 황당하고 엉뚱한 것들이다.

실제 관찰 결과 대체로 흰색과 은색, 검은색 등과 같은 무채색 계열의 자동차가 가장 먼저 출발했다. 그럼 이번엔 왜 무채색 자동차가 빨리 출발하는지 검증해본다. 알고 봤더니 시중 자동차의 80% 이상이 무채색이었고, 그런 사실에서 벌어지는 단지 확률의 문제였다(다음 그래프 참조).

이처럼 구체적 가설 검증이 이뤄지면, 소비자가 호감 갖는 색과 성격 간엔 어떤 상관관계가 있는지도 밝혀낼 수 있으리라.

빨간색이나 파란색, 녹색 등과 같은 유채색 계열의 자동차를 선택할수록 개성이 강하다고 하는데, 자동차 색상만 가지고 본다면 한국인의 개성은 의외로 흐릿하다. 개성이 뚜렷해야 다양성도 확보된다는데, 스멀스멀 걱정이 몰려온다. 뭐, 시간이 흐를수록 유채색은 쉽게 싫증 나기에 그럴 수도 있겠다.

이런 식으로 현상에 대해 가설을 세우고 자기 나름대로 검증을 시도하다 보면, 색상 비율에서 소유자의 성격

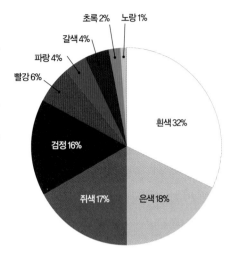

출처 : http://blog.hyundai.com/461

과 연령, 차체 얼룩과 긁힘, 개인 및 법인, 나아가 소유와 임대 등에까지 관찰이 이어질 수 있다.

이번엔 당신도 가설 검증에 도전해보지 않겠는가!

"카센터를 가장 많이 찾는 자동차 색상은?"

"교통사고에 자주 휘말리는 자동차 색상은?"

"감자탕집 주차장에 가장 많이 세워진 자동차 색상은?"

실천3. 머리로 배 터지게 먹기

2만 원을 지불하고,

2시간을 투자하면,

20년에 걸쳐 쌓은 전문가 내공을 흡수할 수 있다. 그게 바로 독서의 힘이다.

잘나가는 예능인 두 사람이 있다.

대표적으로 유재석과 김구라가 그렇다. 자천타천으로 대한민국 최고의 예능인임은 틀림없다. 이들이 길게는 10여 년, 짧게는 수년째 현재의 지위를 누릴 수 있는 데는 그 나름의 이유가 있다.

그건 바로 상대가 어떤 직업이나 계층, 성별을 가졌든지 술술 대화를 유도하고 깔끔하게 풀어나가는 능력의 소지자란 사실이다. 그런 능력은 시대 흐름과 다양한 정보를 정확히 꿰뚫고 있기에 가능하다. 시대 흐름을 읽어내는 지식이 없으면 그건 예능 진행자로선 빵점이다. 비단 예능 세계만의 얘기는 아닐 터다.

관찰력은 '지식'과 떼려야 뗄 수 없다. 즉, 관찰력을 키우는 핵심은 인풋(input)의 절대 양을 늘려야 한다는 점이다. 엄청난 지식을 얘기하는 게 아니라, 자신의 생각을 지식이란 필터에 걸러볼 필요가 있다는 말이다.

석가모니는 "배우지 않는 사람은 소와 같은 생활을 하게 된다. 체중은 늘지만 지혜는 늘지 않는다"고 했다. 지식이 없으면 관찰은커녕 아무것도 볼 수 없다. 알아야 보이고, 보여야 자세히 관찰할 수 있는 법이다. 그래야 지혜로 나아갈 수 있다.

그럼, 지식 습득은 언제까지 이어가야 할까? 이런 물음에 유효한 답을 던져주는 게 있다.

"우리 인간의 삶은 끝이 있지만(吾生也有涯)

앎에는 끝이 없다(而知也无涯)."

《장자(莊子)》의 양생주(養生主) 편에 등장한다. 지식 습득은 인간으로서 생을 마감할 때까지 계속돼야 함을 절절히 일러준다.

생전의 피터 드러커 역시 3~4년마다 주제를 바꿔가며 평생 학습을 실천했다. 경영학의 대부란 격찬에 어울리지 않게 일본 고미술에도 관심을 가지고 그에 관한 강연을 할 정도였다고 하니 그의 지적 호기심이 어느 정도였는지 놀라울 따름이다.

그럼, 지식으로 가는 최강 노하우는 뭘까? 그건 여러 가지를 접하는 거다. 신문이나 텔레비전을 보거나 다양한 사람과 대화를 나눠보거나 다양한 취미를 가지는 것도 좋겠다.

그 가운데 가장 좋은 방법이라면 단연 독서다. 과거와 현재, 미래의 지혜로운 생각과 무수히 교류를 할 수 있으며, 창의적인 생각을 기르고 마음을 다스리는 데 독서만 한 게 또 어디 있으랴! 게다가 정보를 체계화할 수 있는 힘은 독서에서 나온다.

10%보다 10배 향상이 더 쉽다는 세계 최대 인터넷 회사 구글. 1억 원을 훌쩍 뛰어넘는 연봉을 주는 이 회사에 입사하려는 사람은 반드시 통과해야 하는 난관이 하나 있다. 바로 까다로운 면접이다.

면접 시 가장 중요한 평가 기준은 지원자의 지적 호기심이다. 그런 지적 호기심은 어떻게 평가할까? 무척 간단하다.

"지금 뭘 읽고 있죠?"

"마지막으로 읽은 것이 뭐죠?"

이 두 가지 질문이다. 이른바 독서가 지적 호기심을 엿볼 수 있는 가장 정확한 잣대라는 얘기다. 독서를 하지 않는 사람은 절대 채용하지 않겠다는 게 구글의 기본 입장이다.

책 두 권 읽은 사람이 책 한 권 읽은 사람을 지배하는 게 세상 진리다. 그건 책을 읽은 만큼 멀리 볼 수 있어서다. 협량(狹量)한 식견으론 한정된 관찰만 하게 돼 본질과 멀어질 수 있다. 독서는 취미가 아니라, 먹고 마셔야 생존할 수 있는 음식이다. 끊임없고 경계 없는 독서를 하라.

실천4. '틀린 그림 찾기'에 도전하기

귀여운 캐릭터가 등장한다. 눈이 약간 혼란스럽긴 하나 자세히 한번 들여다보라. 다수 캐릭터와 다른 표정(모습)을 한 게 몇 가지 있다. 무엇인지 찾아보라.

어린 시절 누구나 한 번쯤 빠져들었던 적이 있는 '틀린 그림 찾기'다. 처음부터 '어딘가 틀렸다'는 의식을 가지고 접근하기에 구석구석 세세한 부분까지 눈을 두게 된다.

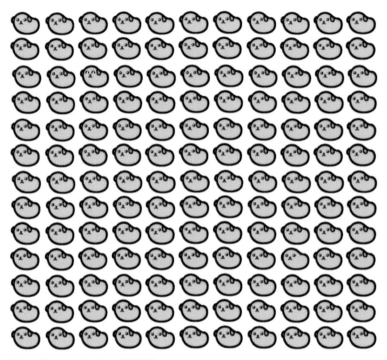

'틀린 그림 찾기'에서 곧바로 정답을 찾는 사람이라면, 일상의 사소한 변화에도 재빨리 읽거나 감지하는 능력을 가지고 있을 가능성이 크다. 누구보다 뛰어난 관찰력의 소유자다.

이번엔 '숨은 그림 찾기'에도 도전해보자. 다음 사진은 모내기 직전의 논을 촬영한 듯 보인다. 여기엔 동물 하나가 완벽한 모습(전신)으로 당신을 뚫어져라 쳐다보고 있다. 사진 어느 위치에 있는 어떤 동물일까? 힌트

를 주면 고양이가 또렷하게 보인다.

'숨은 그림 찾기' 또한 '틀린 그림 찾기'와 마찬가지로 관찰력을 기르는 데 매우 유용한 도구다. 관련 전문가에 따르면, 우뇌(右腦) 활성화에도 많은 도움을 준다고 한다.

조선시대 풍속화로 명성이 높은 단원 김홍도. 그의 작품 가운데는 〈씨름도〉라는 대단히 유쾌한 그림이 있다. A4보다 가로로는 조금 길고 세로로는 조금 짧은 화폭에 무려 22명의 인물의 표정과 개성을 생동감 넘치게 표현하고 있다. 그 장면은 이렇다.

김홍도, 씨름도, 종이에 수묵담채, 27.0×22.7cm, 국립중앙박물관.

왁자지껄한 시골장터에 씨름판이 벌어졌다. 마침 왼쪽 사내가 들배지기로 상대 사내를 넘어뜨리려는 찰나다. 구경꾼들은 두 사내를 빙 둘러싸고 앉아 탄성과 함께 손에 땀을 쥐고 있다.

이 〈씨름도〉는 우리에게 무척 익숙한 그림이다. 아니 익숙한 정도가 아니라 학창 시절 교과서는 물론 각종 책(역사, 미술)이나 신문, 잡지, 텔레비전 등에 단골로 거론되는 소재다. 이런 친숙한 그림에 관해 딱 세 가지만 물어보겠다.

- 들배지기를 당한 사내가 넘어질 방향은?
- 다음 경기 출전자는 누구?
- 그림 가운데 잘못 표현된 곳은 어디?

그걸 어떻게 아느냐고? 단언컨대 충분히 알 수 있다. 비록 그림에 관한 사전 지식이 없더라도 약간의 관찰력만 소유했다면 쉽게 답할 수 있는 문제다. 다시 한 번 〈씨름도〉를 유심히 관찰해보라.

그러면 이제 하나씩 짚어보자. 먼저, 들배지기를 당한 사내가 넘어질 방향이다. 그림을 보면 쉽게 발견할 수 있다. 오른쪽 아래 두 구경꾼은 몸을 뒤로 젖히고 있다. 씨름이 오래 걸려 지루해진 탓일까? 천만의 말씀. 그림에 등장하는 다른 구경꾼들을 보라. 대부분 몸이 앞으로 기울어 있다. 들배지기를 당한 사내는 곧 오른쪽 아래 두 구경꾼 방향으로 내동댕이쳐질

게 분명해 이 둘은 "어, 안 되는데…" 하는 표정을 지으면서 상체를 뒤로 젖혀 피할 자세를 취하고 있다.

다음 경기에 출전할 사람도 찾아보자. 이는 구경꾼의 몸가짐을 통해 쉽게 확인할 수 있다. 그림 왼쪽 위에서 부채로 얼굴을 반쯤 가린 구경꾼 바로 옆 사람(오른쪽)에게 주목해보라. 이 구경꾼은 자신의 갓과 신발을 양쪽에 가지런히 벗어 두었다. 다음 차례가 자신이라는 사실에 초조하고 경직된 표정으로 두 무릎을 모은 채 양손은 깍지를 끼고 있다.

마지막으로 〈씨름도〉에서 잘못 그려진 부분을 찾는 과제다. 오른쪽 아래 두 구경꾼 중에서 바로 앞 구경꾼의 오른손을 보라. 어떤 경우이든 땅을 짚은 오른손이 그림처럼 나올 수는 없다. 단원이 재빨리 붓으로 쓱쓱 그리다가 순간적으로 실수라도 한 걸까? 아니면 천재 화가의 의도된 표현일까? 완벽함이란, 완벽함 그 자체 때문에 결국 미완에 그친다는 사실을 화가는 꿰뚫고 있었단 말인가!

실천5. 습관의 다발 풀기

새로운 걸 창조하는 사람은 드물고, 그렇지 못한 사람은 수없이 많다. 그 때문에 후자가 더 강한 것이다(Those who create are rare; those who cannot are numerous. Therefore, the latter are stronger).

-코코 샤넬(패션 디자이너)

"인간은 한 다발의 습관이다."

그런 누군가의 주장처럼 우리가 사는 세상은 습관의 결정체다. 오죽했으면, 습관을 가리켜 '제2의 천성'이라고 표현했을까!

아래는《대학(大學)》의〈정심장(正心章)〉편에 등장하는 말이다.

"마음에 없으면, 보아도 보지 못하고, 들어도 듣지 못하고, 먹어도 그 맛을 모른다(心不在焉 視而不見 聽而不聞 食而不知其味)."

첫 문장의 '심부재언(心不在焉)'이란, 하고자 하는 마음이나 관심이 없는 상태를 가리킨다. 그런 심리 상태라면, 무엇을 보더라도 건성건성 대충 보게 돼 그 실상을 제대로 읽지 못하고, 무엇을 듣더라도 그 참된 의미를 꿰지 못하고, 무엇을 먹더라도 그 진정한 맛을 느끼지 못하게 된다는 얘기다.

한마디로, 평소 알고 관심 있는 만큼만 보이고 들리고 느낄 수 있다는 것이 아니겠는가. 이제 세상도 서서히 달리 보인다. 세상이 변해서가 아니라 세상을 관찰하는 당신의 눈이 마침내 바뀌었기 때문이다.

생활에서 관찰력을 키울 수 있는 몇 가지 팁을 소개한다. 아래에서 한두 가지 정도를 골라 장소나 시간대에 맞춰 습관화해보면 어떨까! 일상의 리듬을 바꿔보자.

• 아이들의 행동과 놀이를 가만히 옆에서 지켜보라.
• 평소 관심이 없었던 스포츠나 취미를 접해보라.

- 창문을 통해 그 앞(아래)에서 벌어지는 일들을 지켜보라.
- 성향이 전혀 다른 두 신문의 사설을 비교해보라.
- 구글에서 특정 영단어의 이미지를 검색해보라.
- 평소 보거나 듣지 않는 텔레비전, 라디오 채널에 맞춰보라.
- 관심사와 무관했던 책이나 잡지, 신문 등을 들춰보라.
- 고장 나 나뒹구는 전자제품이나 아이 장난감 하나를 완전히 분해해보라.

그럼 이제 집 밖으로 발길을 옮겨보자.

걸으면 걸을수록 힘은 들지만, 시야는 훨씬 넓어진다. 이곳저곳을 기웃거리는 건 단순히 머무는 장소만 바꿔주는 게 아니라, 우리 생각과 편견까지도 바꿔주기에 더없이 값지다.

고대 로마 정치가 키케로는 말한다. "만일 당신이 정원과 도서관을 가지고 있다면 당신이 필요한 모든 것을 가졌다." 집안에서 가지는 결핍감을 외부의 정원과 도서관에서 모조리 채울 수 있다는 주장으로도 해석된다.

다음은 외부에서 실천할 수 있는 팁 몇 가지다.

- 주변에서 발생하는 소리나 냄새의 정체에 대해 알아보라.
- 특정 물건을 찾아보라. 이를테면, 주변에 설치된 방범 카메라, 길거리 낙서, 깨진 유리창 등 무엇이든 괜찮다.

- 도서관이나 서점과는 항시 친구처럼 지내라.
- 자신과 다른 경험과 취미를 가진 사람들과 만나보라.
- 재래시장에서만 거래되고 있는 상품을 발굴해보라.
- 분식집에서 아이들의 행동거지와 복장, 대화 등에 주목해보라.
- 대형 마트에 진열된 상품 디자인과 가격, 소비자 표정 등을 살펴보라.
- 거리를 천천히 걸으면서 주변 간판의 색깔과 모양, 크기, 업종 등을 비교해보라.
- 테이크아웃 컵에 담긴 커피를 들고 공원 벤치에 앉아 오가는 사람을 관찰해보라.
- 패스트푸드점이나 커피 전문점 창가에 앉아 행인의 표정과 가방, 패션, 복장, 헤어스타일, 신발, 액세서리 등을 지켜보라. 성별, 연령대별로 어떻게 다른가?

평소 가지 않던 길로 걸어보라. 뇌에 새로운 내용을 입력해 교체함으로써 또 다른 세계로 생각을 이끌 수 있다.

"걸음을 멈추면 생각도 멈춘다. 내 마음은 언제나 다리와 함께 작동한다"고 계몽사상가 루소는 걷기를 격찬했다. 두 다리가 움직이기 시작하면 두뇌도 그에 비례해 요동치기 시작한다. 진정 위대한 모든 생각은 실제 걷기로부터 비롯된 건지도 모른다. 그래서 걷기는 육체적이라기보다 정신적 훈련이어서 관찰로 이끌어주는 강력한 조력자다.

대한민국 가요계는 〈난 알아요〉 이전과 이후로 크게 양분된다. 서태지의 이 곡이 랩 댄스 열풍을 일으키며 순식간에 발라드와 트로트로 일관하던 가요계 흐름을 바꿔놓았다. 데뷔 초기엔 그의 음악 세계를 이해하는 사람이 적었다. 그래선지 평론가로부터도 "멜로디 부분은 신경 안 쓴 것 같다"와 같은 혹평 일색이었다.

해당 분야 전문가란 사람도 이처럼 간과한다. 선입관 때문에 잠재력이나 전체를 놓치고 부분만 보게 되는 터널 시야가 작동된 탓이다. 그렇다고 주위에 늘 촉수를 뻗고 망원경과 현미경을 동시에 지니고 다니라는 뜻은 아니다. 어디에서 뭘 하든 가능성의 문만큼은 항시 열어두고 사물(대상)을 접했으면 좋겠다.

인간은 자신만 쳐다보고 있어선 절대 자신을 정확히 이해할 수 없다. 오히려 자신 밖 사물에 눈을 돌릴 때 비로소 진정한 자신에 다가설 수 있다. 내 눈에 박힌 들보를 못 보는 이유가 여기에 있다. 관찰도 예외는 아니다. 호기심을 잃지 않은 상태에서 최대한 관찰해야 한다. 익숙함을 버리고 실험 정신을 가져라.

일련의 팁을 실천으로 옮길 때 실수를 하거나 다른 사람에게 괴상하게 비춰질 수도 있으며 급기야 오해를 받을 수도 있다. 괴짜라거나 유별난 사람이란 평가도, 간혹 실수나 오해를 받는 경우도, 전혀 두려워할 필요가 없다.

만약 누군가 당신을 가리켜 '이상한 녀석', '4차원 아이', '해석 불능 인간'이라고 한다면 크게 기뻐해도 좋다. 당신의 잠재력은 실로 무궁무진하다는 뜻이고 1등이 될 충분조건을 갖췄다는 말이기 때문이다. 중요한 건 당신이 지금 소중한 뭔가를 관찰 중이란 사실이다.

다만, 무엇을 위해 관찰을 필요로 하는지 그 이유는 명확히 해두는 게 좋다. 즉, 문제의식이 그것이다. 그래야만 관찰 대상에 관해 어떤 규칙성을 두고서 날카로우면서도 때론 여유롭게 관찰할 수 있다.

끝으로 관찰의 핵심 포인트는 누구나 보는 것을 나만의 눈으로 보고 재해석하는 것이란 점을 잊지 마라. 같은 하늘 아래 살고 있으나 바라보는 지평선은 모두 다르다.

관찰 및 관찰력 기르기

take action now!

Action1. 의식을 수시로 깨워두기
Action2. 가설을 세우고 검증하기
Action3. 머리로 배 터지게 먹기
Action4. '틀린 그림 찾기'에 도전하기
Action5. 습관의 다발 풀기

"너, 오빠 믿지?"라는 말을 과연 믿어도 될까?

버스 한 대가 보인다.

승객을 가득 태우고 어디론가 부지런히 달리고 있다. 어쩌면 MT나 졸업 여행을 떠나는 학생들을 가득 태운 버스인지도 모른다. 여기서 문제다. 그림 속 버스는 어느 쪽으로 달리고 있는 걸까? 왼쪽인가, 오른쪽인가?

그걸 내가 무슨 수로 알아?

그렇게 빈정거리거나 성의 없이 답하진 마라. 당신의 관찰력 수준에 문제 해결의 열쇠가 달려 있다.

비록 정답을 찾지 못했을지라도 조금만 더 고민하면 실마리를 찾을 수 있다. 가령, 운전석이 어느 쪽인지 알면 그쪽이 바로 버스의 진행 방향이 될 수 있다.

"차창은 온통 허연데 운전석이 어느 쪽에 붙었는지 어떻게 알지? 아무것도 안 보인다고."

실제로 그렇다. 그림에선 버스 내부가 전혀 비치지 않는다. 그렇더라도 실망하진 마라. 이 그림엔 버스의 진행 방향을 알 수 있는 결정적 힌트가 하나 더 숨겨져 있다. 다름 아닌, 승객들이 타고 내리는 문이다. 문이 어느 쪽에 설치돼 있는지만 알면 버스의 진행 방향은 한눈에 알 수 있다.

다시 묻는다. 현재 버스는 어느 방향으로 달리고 있는가?

이번엔 분위기를 180도 확 바꿔 한결 가볍고 유쾌한 물음을 던져보겠다. 명쾌 · 통쾌하고 손발이 오글오글해질 답변으로 빈칸을 채워라. 평소 당신이 지닌 날카로운 관찰력이 관건이다.

Q. "너, 오빠 믿지?" 과연 믿어도 될까?

A1. 오빤, 나 믿어?

A2. 믿을 수 없는 상황에서 나온 멘트이니 믿었다간 ○○된다.

A3. 어따, 반말이야? 누나한테.

A4. 오빠 말은 다 믿지만, 그 말만큼은 못 믿겠어!

A5. 모든 남자가 늑대는 아니지만, 모든 늑대는 남자야. 오빠도 남자잖
    아?

A6._____

A7._____

Q. "언제 밥 한번 먹자." 그 '언제'는 도대체 언제일까?

A1. 영원히 오지 않는 그날.

A2. 네가 밥 사겠다는 날.

A3. 의례적 인사치레와 영혼 없는 약속이 종언을 고하는 날.

A4. '이제 안 만났으면 좋겠다'의 에두른 표현.

A5._____

A6._____

Q. 영화관 의자 팔걸이, 어느 쪽이 내 건가?

A1. 혼자 온 사람.(양보)

A2. 낯선 호르몬에 대한 매혹이 강한 쪽.(이성)

A3. 덩치와 깡다구.(동성)

A4._____

A5._____

누가 그래, 다리는
직선이어야 한다고?

A와 B가 있다면 C를 택하라

세상의 갖은 문제는 딱 두 가지로 수렴된다.
하나는 답이 있음을 아는 문제고, 다른 하나는 답의 유무(有無)를 헤아릴 수 없는 문제다.
답이 존재함을 아는 문제라면 시간적 제약만이 유일한 벽이지만,
정작 난해한 건 답의 유무를 알 수 없는 문제다.

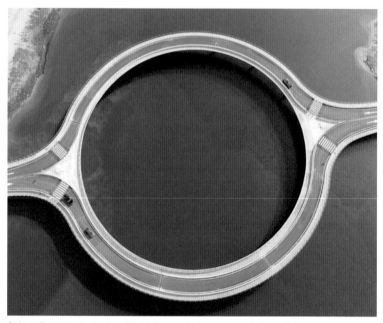

출처 : http://www.amusingplanet.com/2016/01/the-circular-laguna-garzon-bridge-in.html

'다리' 하면 길게 쭉 뻗은 직선(사각)형을 떠올린다. 이젠 그런 생각이 바로 고정관념이 돼버렸다. 남미 우루과이엔 이 사진처럼 원형 다리가 존재한다.

우루과이 건축가 라파엘 비뇰리(Rafael Viñoly)는 라구나 가르손 브리지(Laguna Garzon Bridge)라는 둥근 모양을 한 기묘한 다리를 디자인했다.

전통적 직선형 다리에선 자동차가 쌩 순식간에 지나쳐버린다. 하지만 이 다리는 커브라 운전자는 속도를 늦춰야 한다. 덕분에 주변의 멋진 전경과 경치를 즐길 수도 있다. 차도 옆엔 보행자들을 위한 인도도 설치돼 있고 교각이 높아 아래로 어선이 자유롭게 오갈 수 있다. 무엇보다 독창적이고 실용성도 갖추고 있다. 게다가 아름답기까지 하다.

부탁이다. 세상의 모든 다리는 늘 길거나 짧거나 한 모양의 사각이어야 한다는 고정관념을 버리자. 얼마든 제3의 모형을 한 원형이나 삼각형 다리도 존재할 수 있음을 염두에 두자.

그런 질문엔 동의할 수 없다

A안입니까, B안입니까? 장남은 A안을, 차남은 B안을 찬성합니다. 저는 우리 아들 안입니다.

사장에게 물었다.

"까칠한데 능력 있는 응시자, 원만한데 능력 없는 응시자, 누굴 뽑지요?"

남자에게 물었다.

"못생기고 돈 많은 여자, 예쁘고 돈 없는 여자, 누가 좋아요?"

당신의 본심은 어느 쪽인가? 조금 망설여진다고?

솔직히 이런 부류의 질문엔 온몸으로 거부하고 싶다. 이분법이라는 것도 성에 차지 않거니와, '까칠하면 능력이 있고, 성격이 원만하면 능력이 없다'는 고정관념을 암묵적으로 깔고 있어서다.

까칠하면서도 능력이 없는 사람도 있을 테고, 성격이 원만하면서도 능력 또한 출중한 사람도 있지 않을까? 못생기면 돈 많고, 예쁘면 돈 없다는 질문 또한 마찬가지다. 게다가 외모는 스스로 피땀 흘려 일군 노력의 결과가 아니라 선대로부터 그저 물려받은 것이다. 그런 까닭에 '미(美)'는 '진선미'에서 가장 마지막에 나온다.

유대인 교육의 근간은 '다양한 생각을 수용할 수 있는 능력'이다. 그런 교육의 3대 핵심은 이렇다.

첫째, 행동 방침이 두 가지 있다면, 항상 세 번째 방침을 따르라.

둘째, 남보다 '뛰어나게'가 아니라, 남보다 '다르게' 하라.

셋째, 물고기를 주기보다는, 물고기를 낚는 방법을 가르쳐라.

이 교육의 3대 핵심 가운데 첫째를 보라.

"행동 방침이 두 가지 있다면, 항상 세 번째 방침을 따르라."이게 도대체 뭘 뜻하는 걸까?

이른바 '유대인은 두 명인데 의견은 셋'이라 회자되는 까칠까칠한 유대인 성향을 지칭하는 것일까?

실로 모순된 제안이고 논리다. 대안은 분명 두 가지뿐인데, 어떻게 세 번째 방침을 따를 수 있단 말인가! 언어도단도 유분수가 있다. 냉정해지자. 그렇게 반발하는 건 지금껏 흑백논리나 이분법, 그런 환경에 우리가 지나치게 익숙해진 탓이다. 아인슈타인 말에 주목해보면 어떨까.

"문제를 초래할 때와 같은 수준의 사고방식으론 문제를 해결할 수 없다."

'사람의 수만큼 일은 늘어난다'는 파킨슨의 법칙. 이 법칙의 주창자 파킨슨은 회의를 두고 흥미로운 지적을 한 바 있다.

"회의는 중요(복잡)한 의제일수록 토론이 짧게 이뤄지고, 지엽적인 의제일수록 출석자가 열심히 논의하는 경향이 있다."

지루하고 답답하다. 파킨슨의 주장이 들어맞기라도 하는 듯 회의는 장장 3시간째 열띤 토론이 오간다. 최종 후보로 남은 건 'A안'과 'B안' 딱 두 가지다. 특정 안에 대한 지지가 압도적이라면 쉽게 결정될 사안이지만 의견이 양쪽으로 팽팽하게 갈리다 보니 논의가 길어지고 있다. 밤을 새울지도 모른다.

이런 경우, 당신이라면 어떻게 하겠는가? '다수결'로 3시간 동안 끌어온 사안에 종지부를 찍는다? 그러면 모두가 만족하고 행복해할까?

마지막까지 남은 두 개 안에 대해 평행선이 계속되는 경우는 대개 어느 쪽 안도 의사 결정자 모두를 만족시키고 설득할 만한 결정타가 부족해서다. 그러니 의사 결정자들의 의견이 하나로 모아지지 않고 시간만 흐른다.

직장 연말 보너스로 해외여행이 주어졌다. 휴가 기간은 2박 3일밖에 안 된다. 가까운 여행지 선택이 불가피하다. 직원들의 의견을 받았더니 베이징, 상하이, 백두산, 타이완, 도쿄, 오키나와, 홋카이도, 교토, 홍콩 등이 후보로 나왔다.

이를 두고 논의한 결과 최종 후보지로 꼽힌 곳은 '베이징'과 '교토' 두 곳이었다. 정작 문제는 어느 쪽도 나쁜 후보지는 아니지만 최종 결정이 쉽지 않다.

가격이 저렴한 베이징으로 가서 푸짐하게 먹고 발 마사지도 받고 오자는 사람이 있는가 하면, 다소 가격이 부담되긴 하지만 정갈한 음식과 하루쯤 온천에 몸을 푹 담그고 싶다는 교토 선호파 또한 만만치 않다.

고심을 거듭하다가 마지막 결정은 다수결에 붙이기로 했다. 그 결과 한 표 차이로 베이징이 선택되었다면, 그게 과연 최선의 의사 결정이라고 할 수 있을까? 민주 사회에서 다수결로 결정되었으니 더 이상 시비 걸지 말라고? 표면상 논리는 그럴 수 있다. 하지만 절반 가까운 사람이 여행 기간 내내 선택되지 못한 교토에 대한 아쉬움을 토로하게 될 것이다.

우린 종종 A안과 B안 가운데 어느 하나를 선택해야 한다는 고정관념 때문에 또 다른 C안에 관한 논의를 아예 차단해버린다. 즉, 베이징과 교토 가운데 어느 하나를 선택해야 한다는 압박감에 쫓겨 어쩌면 두 안을 모두 만족시킬지도 모를 여행지, 이를테면 '세부나 마닐라'를 의사 결정자 어느 누구도 떠올리지 못한다.

쉽게 얘기해, "짜장 먹을래, 짬뽕 먹을래?" 하는 총무의 재촉에 '볶음밥'이 먹고 싶다는 걸 잠시 망각한다.

취사선택, 또 다른 폭력이다

둘 중 하나를 선택했다면, 우린 성공하지 못했다. 누구든 둘 중 하나를 선택할 수 있다. 세상의 많은 사람들이 그렇게 한다. 하지만 그렇게 해선 최고가 될 수 없다. 트레이드 오프 게임을 벗어나지 못하는 한 당신은 승리하지 못한다.

P&G 전 회장이었던 앨런 래플리(Alan Lafley)의 지적이다. 경영에선 늘 하나를 취하면 아쉽게도 다른 하나는 버려야 하는 트레이드 오프(trade-off) 게임이 다반사다. 하나 창의적 경영자라면 둘 모두를 취할 수 있는 또 다른 대안을 탐색해야 하고, 그래야 성공할 수 있다는 따끔한 충고다.

그간 답습해온 방법대로 개인이나 집단에게 양자택일을 요구하면서 뭔가 엄청난 창의적 해법을 이끌어내겠다는 기대감 따윈 이제 접는 게 현명하다.

무 자르듯 양분돼버리는 의사 결정을 극복하기 위해선 먼저 개개인의 생각이 다양한 가치를 추구하는 쪽으로 바뀌어야 옳다. 자신과 생각이 다른 사람은 배제할 대상이 아니라 호기심을 가지고 적극 수용해야 할 친구란 인식이 필요하다.

서로 상반되는 의견을 모두 수용하거나 모두 배제한 채, 전혀 다른 차원의 생각을 도출해보면 어떨까? 창의적이고 혁신적 대안, 즉 '제3안(3rd alternative)' 끌어내기다.

같으면 아군, 다르면 적군으로 아는 흑백논리. 옳고 그름의 시시비비. 승자 아니면 패자. 정답(○) 아니면 오답(×). 이런 이분법은 과거 히틀러와 같은 독재자(정치가)가 복잡한 현실을 단순·명쾌하게 둘로 나눠 대중을 선동할 때 구사하는 논리 가운데 하나였다. 그러나 오늘날 이분법으로 사물을 규정짓는 것보다 위험하고 어리석은 생각(판단)도 없다.

또 가재는 게 편이네, 유유상종(類類相從)이네, 초록은 동색(同色)이네 하며 비슷한 처지의 사람끼리 어울리면서 편 가르기도 서슴지 않는다.

그러다 보니 갈등이 터지면 막장까지 가게 돼 결국 모두 패자가 될 뿐, 승자가 설 곳은 애당초 없다. 'I win - You lose(난 이기고, 넌 지고)' 아니면 'I lose - You win(난 지고, 넌 이기고)' 외엔 그 어떤 대안도 없는 이른바 한쪽이 망해야 끝나는 처절한 혈투만 남는다.

답에 이르는 방법은 비단 두 가지만 있는 것이 아니거늘, 또 다른 생각의 여지와 여백마저 지워버린다. 그건 오늘날 무시무시한 폭력이 될 수 있음을 명심하라. 이제 이분법에서 자유로워질 때다.

이것도 저것도 아닌 건 없는가?

너도 나도 옳거나 혹은 그걸 따지지 않아도 되는 상황은 없을까?

제3안

'I win - You win'이란 구도를 넘어 'We win(모두가 승자)'으로까지 연결되는 다양한 '제3안' 찾기야말로 세상을 바꿀 수 있는 혁명적 생각이자 창의적 대안이 될 수 있다.

물론 안다. 제3안을 만들겠다며 갖은 애를 써도 그게 말처럼 간단히 머리에 떠오르는 게 아니다. 학창 시절 영어 시간에 달달 외운 영문법이 있다. 두 단어 이상이 서로 짝을 이뤄 쓰이는 '상관 접속사'를 참고해보는 것도 좋겠다.

- A도 B도 아닌(neither A nor B)
- A뿐만 아니라 B도(not only A but also B)
- A와 B 사이(between A and B)

위의 세 가지 안을 잘 조합해 남들이 전혀 예상치 못하는 A안도 B안도 아닌 탁월한 C안(neither A nor B, but C)을 찾아보면 어떨까?

여담인데, "A라고도 할 수 있고, B라고도 할 수 있어요"와 같은 애매한 의견은 주의를 요한다. 무작정 양비양시(兩非兩是)론으로 맞섰다간 기회주의적 사고로 비치면서 "그것도 '의견'이냐?"는 비난과 맞닥뜨릴 수 있어서다.

답변만이 아니라 질문 방법에 대해서도 고민해보자.

일찍이 프랑스 사상가 볼테르는 "답변보단 질문을 통해 사람을 판단하라(Judge a man by his questions rather than by his answers)"고 했고, 루마니아 극작가 이오네스크는 "우리를 깨우치는 건 답변이 아니라 질문이다(It is not the answer that enlightens, but the question)"라며 질문의 소중함을 일깨웠다.

질문이 달라지면 응당 답변도 달라지게 마련이다. 그러면 간절히 원해 왔던 제3안도 의외로 쉽게 이끌어낼 수 있다.

"A인가, B인가?"
그렇게 묻지 말고,
"A인가, 다른 건가?"
로 질문하라.

즉, "아는가, 모르는가?"가 아니라 "확실히 아는가, 혹은 그렇지 않은 가?"로 묻는다면 C안이 나올 가능성은 훨씬 커진다. 그런 질문엔 뇌가 크게 요동치기 때문이다. C안에 해당하는 제3안이 A안과 B안에 비해 손익 측면에서 더 후퇴한 결정이 될 수도 있다. 그럼에도 제3안을 고집하는 까닭은 적어도 A안과 B안이란 틀(프레임)에 얽매이지 않으면서 좀 더 객관적으로 대상을 바라볼 수 있고 더 넓은 영역을 포용한다는 강점이 있기 때문이다. 또 그 안이 다양성까지 내포하고 있다면, 성장 여지까지 크기 때문에 훌륭한 대안이 될 수 있다.

유대인이 유대인인 까닭?

자본주의 창시자 애덤 스미스,

공산주의 창시자 카를 마르크스,

20세기 정신세계를 주물럭거린 지그문트 프로이트,

20세기 물질세계를 주물럭거린 알베르트 아인슈타인.

이들의 공통점은 뭘까?

정답은 모두 유대인이란 사실이다.

마빈 토케이어의 《탈무드》엔 흥미로운 얘기 하나가 등장한다.

한 사내가 유대인에 대해 공부하기 시작했다. 그는 어느 날 랍비를 찾아 갔다.

사내를 본 랍비는 "당신은 《탈무드》를 공부하고 싶다지만 아직 탈무드를 배울 자격이 없다네" 하고 말하는 거였다. 이에 사내는 "꼭 《탈무드》 공부를 시작하고 싶습니다"며 끈질기게 졸랐다. 그러면서 "제게 그 자격이 있는지 없는지 부디 시험해주십시오" 하고 말했다. 사내의 열정을 읽은 랍비는 간단한 문제 하나를 냈다.

"두 아이가 집 굴뚝을 청소했다. 한 아이는 얼굴이 새까맣게 돼 굴뚝에서 내려왔다. 또 한 아이는 얼굴에 그을음을 전혀 묻히지 않은 채 말쑥한 얼굴로 내려왔다. 당신은 어느 아이가 얼굴을 씻을 거라고 생각하는가?"

"물론 얼굴이 지저분한 아이가 얼굴을 씻을 거라고 생각합니다" 하고 사내는 답했다. 랍비는 미간을 모으며 "그러기에 당신은 아직 탈무드를 배울 자격이 없다네" 하고 말했다. 이에 사내는 "답이 무엇입니까?" 하고 물었다. 랍비는 "당신이 만일 탈무드 공부를 했다면, 이런 답을 낼걸세" 하며 설명을 이어갔다.

"두 아이는 굴뚝을 청소한 후 하나는 말쑥한 얼굴로, 하나는 지저분한 얼굴을 하고 내려왔지. 얼굴이 지저분한 아이는 말쑥한 얼굴의 아이를 보곤 자신의 얼굴도 깨끗하다고 생각할 걸세. 반면에 말쑥한 얼굴을 한 아이는 지저분한 아이의 얼굴을 보곤 자신도 더럽다고 생각할 테지."

얘기를 듣고 난 사내는 고개를 끄덕이며 "부디 다시 한 번 시험해주시길 청합니다" 하고 말했다. 이에 랍비는 다시 같은 질문을 했다.

"두 아이가 집 굴뚝을 청소했다. 한 아이는 얼굴이 새까맣게 돼 굴뚝에서 내려왔다. 또 한 아이는 얼굴에 그을음을 전혀 묻히지 않은 채 말쑥한 얼굴로 내려왔다. 당신은 어느 아이가 얼굴을 씻을 거라고 생각하는가?"

이미 답을 알고 있는 터라 사내는 "물론 말쑥한 얼굴을 한 아이가 얼굴을 씻습니다" 하고 대답했다. 그러자 랍비는 또다시 얼굴을 찌푸리며 "당신은 아직 탈무드를 공부할 자격이 없다네" 하며 고개를 저었다.

사내는 매우 낙담해 "그러면 도대체 탈무드에선 뭐라 일러주고 있는지요?" 하고 물었다. 이에 랍비는 "같은 굴뚝을 청소하고 내려왔는데 한 아이 얼굴은 말쑥하고 다른 아이 얼굴은 지저분해져 내려온다는 게 있을 수 없는 일이라네!" 하고 답했다.

동일한 조건인데 한 사람은 새까맣고 다른 한 사람은 말쑥할 수가 없다.

고로 문제 자체가 잘못됐다고 랍비가 지적한 것이다.

이 랍비의 생각은 딱 이런 게 아닐까.

자신 앞에 주어진 어떤 조건이나 상황, 시간, 환경, 대상별로 답은 얼마든지 달라질 수 있다. 그러니 각각의 상태를 정확히 간파한 다음 그에 어울리는 답을 도출해라.

한마디로 다양한 상황과 조건, 대상 등을 고려한 시의적절(時宜適切)한 대답이 큰 가치를 지닌다는 뜻일 것이다. 이는 또 다른 형태의 제3안이다. 그러면 의사 결정 과정이 반드시 취사선택이어야 할 이유도 함께 사라진다.

"A인가, B인가?"
그렇게 묻지 말고,
"A인가, 다른 건가?"로
질문하라.

기막힌 생각으로
무無개념 인간 돼보기

제3안을 떠올릴 5가지 노하우

얼마나 많은 사람이 그걸 해낼 수 없다고 말했는지,

얼마나 많은 사람들이 과거 그걸 시도했는지는 중요하지 않다.

진정 중요한 건 무슨 일을 하던 간에 자신이 처음으로 도전하는 사람임을 깨닫는 거다.

월리 아모스(미국 사업가)

Q. 아니, 어딜 만지시는 거예요?

A. 어디까지나 본능에 충실했을 뿐인데, 왜 그래요?

Q. 땅 투기를 하셨다지요?

A. 무슨? 그저 땅을 사랑했을 뿐이라오.

Q. 여기서 담배 피우시면 안 됩니다.

A. 절이 싫으면 중이 떠나는 법, 아닌가? 그럼!

Q. 위장 전입을 하셨다면서요?

A. 어디, 아이 앞길 막는 부모 있답니까?

Q. 학위 논문, 표절 의혹이 있군요?

A. 작성 원칙을 제대로 숙지하지 못했습니다.

솔직히 뭐, 오랜 관행 아닌가요? 그렇게 압니다.

개념 없는 답변을 읽고 위산이 역류하는 불편함을 느꼈다면 죄송하다. 위 답변을 참고해 아래 물음에 답해보라. 현문우답(賢問愚答)의 제3안이랄까!

Q. 막말과 갑(甲)질 논란이 문제가 되고 있던데요?

A. _____

비록 유쾌하진 않겠지만, 그 어떤 질문이나 항의에도 절대 굴하지 않는 제3안(답변)을 떠올리기에 도전해보지 않겠는가!

실천1. 진정한 욕구 읽기

6mm 드릴이 무려 10만 개나 팔렸다. 이건 사람들이 6mm 드릴을 원해서가 아니라, 6mm 구멍을 원했던 때문이다.

코미디 영화 〈선생 김봉두〉.

서울의 잘나가는 초등학교 선생 김봉두(차승원 분)가 순박한 산골 학교에 부임하면서 좌충우돌하는 얘기다. 영화 속 한 장면이다.

두 농부가 길에서 고성과 삿대질을 주고받으면서 험악하게 다투고 있다. 그 주변엔 마을 사람들이 모여들어 웅성웅성 한마디씩 거든다.

다툼의 이유는 길 건너 비닐하우스에 물을 뿌려야 하는데, 그러자면 길

위를 가로질러 호스를 놓아야 했다. 이런 호스를 경운기가 밟고 지나면서 다 찢어졌다고 농부는 하소연한다. 상대 농부도 억울하긴 마찬가지다. 경운기에 실은 재배 농산물을 읍내에 내다팔아야 하는데 (호스를 밟고) 그 길을 지나지 않고선 다른 길이 없지 않느냐며 목청을 돋운다.

당신이라면 한 치도 양보할 생각이 없는 두 농부의 갈등을 어떤 식으로 풀겠는가? 어느 한쪽이 양보하지 않는 한 해법에 이르는 길은 까마득해 보인다.

이때 두 농부 앞에 불쑥 등장한 이가 있다. 바로 선생 김봉두다. 자초지종을 들은 그는 두 농부를 향해 묻는다.

"그러니까, 남진이 아버님은 하우스에 물을 대야 하니까 호스를 이 길에 꼭 놓아야 되고, 성남이 아버님은 경운기가 꼭 이 길로 지나가야 한다는 말씀이잖아요? 그것만 해결되면 되는 거잖아요?"

그러곤 김봉두는 삽을 집어 든다. 길을 가로지르는 얕은 구덩이를 파고선 거기에 호스를 묻고 흙으로 다시 덮는다. 이걸로 두 농부의 갈등은 말끔히 해소됐다. 이제 경운기가 지나가도 호스가 찢어질 염려는 사라졌다.

"됐죠?"

그렇게 한마디 툭 던지곤 김봉두는 자리를 뜬다.

남진이 아버지가 '경운기는 이 길을 못 지나간다'며 핏대를 세운 건 호스가 찢어지기 때문이 아니다. 정작 중요한 건 '비닐하우스에 물을 대야 한다'는 게 진짜 이유다. 호스가 찢어지지만 않는다면, 이 길 위로 경운기가 아니라 25톤 덤프트럭이 지나가도 남진이 아버지는 상관하지 않는다.

그런 본연의 욕구를 간파했기에 김봉두는 땅을 파고 호스를 묻어 경운기를 통과시키는 제3안을 떠올릴 수 있었다.

고객은 구멍을 원한다(Customers buy holes, not drills). '드릴'이란 도구가 필요해서 구입하는 게 아니라, 집안 여기저기에 '구멍'을 뚫어야 해서다.

꽤나 진부한 사례다. 느려 터진 엘리베이터를 기다리다가 시간 다 보낸다는 입주민의 짜증스런 클레임이 쇄도한다. 이제나저제나 기다려도 엘리베이터는 오지 않는다. 하염없이 층이 바뀌는 전광판만 쳐다본다. 아직도 13층이다.

이런 엘리베이터를 두고서 몇 가지 개선 아이디어가 나온다. '최신의 고속 엘리베이터로 교체하자', '엘리베이터를 하나 더 설치한다' 등과 같은 것이다. 관리자 입장에서도 익히 들어 알고 있는 내용이다. 문제는 시간과 경제적 비용이 만만치 않다는 게 난관이다.

그러다 도출된 해결책은 이랬다. '엘리베이터 대기 시간이 따분하지 않도록 만들어준다'는 발상이었다. 그 수단으로 엘리베이터 옆에 전신 거울을 설치한다. 사람은 누구나 자기 외모 보는 걸 즐기고 중요시한다. 간단히 화장을 고칠 수도 있다. 그러다 보면 시간이 금방 흐른다. 부지불식간에 '띵동' 하고 엘리베이터 문이 열린다.

또 다른 수단은 엘리베이터 바로 옆 벽에 게시판을 설치한다. 뭔가를 읽으면서 시간을 보낼 수 있도록 말이다. 이처럼 진정한 욕구를 읽어야 제3 안에 가까이 다가설 수 있다.

사나운 천둥과 번개가 치더니 이내 소나기로 바뀐 초저녁 무렵이었다.

동료 전화를 받곤 황급히 차를 몰아 약속 장소로 향하던 당신은 한 버스 정류장을 지나게 되었다.

그곳엔 세 사람이 차를 기다리고 있었다. 한 사람은 당신이 평소 열렬히 짝사랑하는 여성이었다. 그 옆엔 얼마 전 응급실에 실려갔을 때 헌신적인 조치로 당신의 생명을 구해주었던 의사가 서 있다. 의사 옆엔 금방이라도 쓰러질 것만 같은 행색의 응급 환자가 택시를 잡기 위해 무척이나 애를 쓰고 있었다. 유감스럽게도 당신의 차는 2인승이라 딱 한 사람을 태울 공간밖엔 없다.

이 세 명 가운데 어떤 이를 태워줄 건가?

짝사랑하는 여성인가? 생명의 은인인 의사인가? 아니면 생명이 위급한 환자인가?

몇 년 전 인터넷에서 잔잔한 감동을 불러일으켰던 내용을 조금 각색한 것이다. 이 질문은 어느 (외국) 기업의 면접시험에 출제된 내용이다.

대체 어떤 답변을 해야 당당히 합격증을 받아들 수 있을까? 합격증을 받아든 사람의 대답은 이랬다.

"몰던 차에서 내려 의사에게 자동차 열쇠를 넘겨주곤 조수석에 응급 환자를 태워 곧장 병원으로 가도록 하겠다. 그런 다음 나는 짝사랑하는 여성과 함께 빗속 정류장에서 버스를 기다리겠다."

이런 운전자의 선택이 바로 제3안이 아닐까!

결과적으로 생명의 은인인 의사에게는 자그마한 보답을 할 수 있었고, 응급 환자에게는 목숨을 건질 수 있도록 큰 은혜를 베푼 셈이 된다. 동시에 정류장에서 여성과 함께 버스를 기다리며 그토록 열망하던 사랑도 쟁취했으니 이보다 더 지혜로운 선택이 세상 어디에 있으랴!

실천2. 문제 본질 꿰기

큰스님, "좌선을 해서 뭘 하려느냐?"
동자승, "부처가 되려고 그럽니다."
큰스님, "수레가 안 움직이면, 채찍질을 수레에 해야 하느냐, 소에 해야 하느냐?"

"토스터기에 쥐덫을 설치하자!"
도산 위기에 직면해 있던 한 가전 회사가 사내 직원들을 대상으로 참신한 아이디어를 모집했는데, 여기에 응모한 것 가운데 하나다.

아이디어를 심사하던 임원은 피식 웃더니 그 아이디어를 옆으로 휙 던져버렸다. 그런 제품이 시장에서 팔릴 리 만무하다는 이유에서다.

사람 입에 들어갈 빵을 굽는 토스터기 옆에 쥐덫이라니! 그건 아무래도 역겹고 비위생적이다. 누가 보더라도 같은 심정일 것이다.

그럼에도 한 임원은 얼토당토않은 그 아이디어에 흥미를 가지곤 급히 제안자를 불렀다.

임원은 "왜 그런 아이디어를 떠올렸는가?" 하고 물었다.

제안자는 "우리 집엔 토스터기에서 떨어진 빵 부스러기를 먹으러 밤마다 쥐가 출몰해 골치를 썩이고 있습니다"라고 답했다.

그 얘기를 들은 임원은 개발 담당자를 불러 새로운 토스터기 개발을 명했다. 물론 '쥐덫이 설치된 토스터기'는 아니었다. 부여된 과제는 '빵 부스러기가 발생하지 않는 토스터기' 개발이었다.

이후 출시된 이 제품은 시장에서 큰 인기를 끌며 회사를 도산 위기로부터 벗어나게 하는 데 지대한 공헌을 한다.

이 회사가 바로 그 유명한 미국의 GE다. 전설의 발명왕 에디슨이 1878년에 설립한 회사다.

1989년 3월 엑슨 발데즈 오일 탱크(Exxon Valdez Oil Tank)는 알래스카 연안에서 암초에 부딪혀 좌초한다. 그로 인해 무려 1,100만 갤런이란 원유 유출 사고를 불러왔다. 엑슨은 유출 원유 처리에 난감해했다. 그때 나온 한 직원의 아이디어는 이랬다.

"바다표범을 연안에 풀어 기름을 먹도록 하지요."

이에 팀장은 그 직원에게 망신을 주기는커녕,

"바다표범 말고 기름 먹는 건 또 없을까?"

하고 되물었다. 덕분에 기름 먹는 미생물(박테리아)을 이용하는 것과 같은 다양한 시도가 이뤄질 수 있었다.

1970년 오사카에서 개최된 '일본 만국 박람회'.

이 박람회는 1964년 하계 올림픽과 함께 1960년대 일본의 고도 경제 성장을 전 세계에 알리고 선진국 대열에 당당히 합류했음을 과시하는 큰 이벤트였다. 실제로 반년 동안 입장객 수만도 무려 6,421만 명에 달했다.

박람회 초반 주최자는 예상치 못한 문제에 봉착했다. 박람회장에 들어오려는 관람객들이 문을 열기도 전부터 입구로 대거 몰려들었다. 그러다 입장 시간이 돼 문을 여는 순간 수많은 관람객들이 인기 전시장을 향해 일제히 뛰었다.

관람객 수에 비해 입구 부근 공간이 좁다 보니 뛰다가 행여 관람객들끼리 부딪혀 넘어지기라도 하는 날엔 대형 사고로 이어질 게 빤한 상황이었다. 입구 경비원들이 아무리 "뛰지 말라"고 외치고 제지해도 별 효과가 없었다.

사고가 터지는 건 시간 문제였다. 여기서 질문이다. 관람객의 안전을 확보하기 위해 담당자인 당신은 어떤 해결책을 내놓겠는가?

A안 혹은 B안처럼 눈에 보이는 피상적 안이라면,

- 입구를 더 크게 만든다.
- 경비원 수를 대폭 늘린다.
- 전시장에서 뛰면 페널티를 부가한다.

등과 같은 대안을 떠올릴 수 있겠다. 하지만 실제 해결책은 전혀 달랐다.

이 문제를 다시 한 번 잘 살펴보라. 관람객들이 입구에서 일제히 특정 목표 지점을 향해 뛴다는 게 가장 큰 문제다. 그렇다면 실마리는 관람객들이 입구에서 뛰지 않도록 하면 되는 거다.

관람객들이 뛰지 못하도록 경비원을 다수 동원해 제재를 가하면 될까? 뛰어도 문제가 없도록 공간을 더 넓게 만들면 될까? 물론 이 둘 모두 선택 가능한 대안일 수 있으나 공간이나 구조적 문제, 경제적 문제 등을 따져봤을 때 그런 선택은 적절하지 않다. 바로 제3안이 나와야 했다. 그래서 떠올린 해결책은 이랬다.

전시장 가이드북의 글씨를 깨알같이 작게 만들자.

입장권을 끊으면서 받아 든 가이드북 글씨체는 매우 작았다. 뛰거나 서둘러선 읽을 수 없다 보니 입구에서부터 무작정 달려 나가는 관람객이 대폭 줄었다고 한다. 이로써 관람객 안전은 확보된 셈이다.

머리에 새겨라. 초래되는 피상적 결과가 아닌, 문제의 본질이 뭔지를 간파하는 게 가장 빠르고 현명한 정답 찾기다.

실천3. 우문현답(愚問賢答)

"거기까지, 됐습니다."

자기표현이 가장 중요한 순간 중 하나는 면접이다. 얼렁뚱땅 준비해서 잘 볼 수 있는 게 아니다. 평소 쌓은 내공이 빛을 발하는 게 면접이기 때문이다.

중간에 말을 끊는 면접관에 화들짝 놀란 응시자 머리는 온통 '멘붕' 상태다. 그래선지 절대 피해갈 수 없음에도 가장 피하고 싶고 두려운 게 면접이라고 (응시자들은) 하나같이 입을 모은다.

미국 국무부 외교관 최종 면접에서 오간 내용이다.

면접관이 "자료를 보니 한국계 이민 2세인데 맞습니까?"라고 물었다.

정주리 씨는 "네, 그렇습니다"라고 답했다.

그러자 면접관이 "만약 미국과 한국의 이익이 충돌한다면 당신은 어느 편에 서겠습니까?"라고 다시 물었다.

여기서 묻는다. 당신이라면 어떤 답을 해야 최종 관문을 무사히 통과할 수 있을까?

미국 편? 아니면 한국 편?

두 나라 가운데 하나를 선택해야 하는 상황이니 그녀에게 던져진 질문은 누가 봐도 답변하기 껄끄럽다. 미국 시민임을 부정하기도 한국계란 자신의 정체성을 부인하기도 모두 힘든 진퇴양난이다. 한편으론 솔직히 질문 같지도 않은 유치한 물음으로 다가오기도 한다. 그렇다고 입을 꾹 닫을 순 없다.

만약 그녀가 "미국 편입니다"라고 했다면 너무 당연하고 속 보이는 대답이라며 평가 절하되었을 테고, "한국 편입니다"라고 대답했다면 국익을 대변하는 첨병(尖兵) 외교관으로선 하자가 있다는 평가가 내려질 수 있다.

그런 상황에서 터져 나온 그녀의 대답은 면접관의 허를 찌른다.

"정의(justice) 편에 서겠습니다."

어떻게 이런 절묘한 답변을 할 수 있었을까? 짧은 순간 어떡하든 제3안이 필요한 상황임을 그녀는 직감적으로 알았던 게 아닐까.

의도적이든 아니든 그녀의 답변 가운데 나온 '정의'는 '미국'의 은유적 표현이다. 할리우드 영화를 보라. 미국은 언제나 악당들을 물리치고 세계 평화를 위해 피 흘리면서 싸우는 정의로운 국가로 등장한다. 결과적으로 정의는 미국이란 이미지와도 겹쳐지면서 면접관의 공감을 이끌어냈다.

이런 대답도 떠올려본다.

"제 심장은 한국 편이고, 머리는 미국 편입니다. 저는 지금껏 매사를 냉철한 머리로 판단해왔고 앞으로도 그럴 겁니다."

이렇게 대답했다면, 합격일까? 아니면 불합격일까?

"지구상에 소녀시대 9명이 남았다. 그중에 한 명이랑 결혼해야 된다면 누구와 하겠으며 그 이유는 뭔가?"

남자 친구들끼리 농담 삼아 던지는 물음 속에서나 나올 법한 내용이다. 실은 몇 년 전 관광 서비스 분야의 전문 인력을 양성하는 한 대학의 수시 모집에서 나온 면접관의 질문이다. 상상만 해도 입이 떡 하니 벌어지는 행복한 선택이고 고민이라는 수컷도 있을 법하다.

언론에 따르면, 해당 대학 수시 면접에 참가한 한 남자 지원자는 이 질문에 이은 다음 질문엔 더욱 황당했다고 전한다. 그 질문은 이랬다.

"세상이 멸망해서 개그우먼 조혜련, 정주리, 김신영만 남았다. 누구와 결혼하겠느냐?"

한 지원자는 언론에 "이런 질문을 왜 하는지 이해를 하지 못했다. '여성 비하 발언이 아닐까'라는 생각도 조금 들었다"는 불만을 털어놓기도 했다.

질문에 거론된 연예인 소속사 관계자도 "대중적으로 알려져 있는 분들이기에 배려하지 않고 그쪽에서 그런 질문을 던졌을 수는 있지만, 그분들한테 상처가 될 수도 있는 것이다"고 불편한 기색을 내비쳤다.

하지만 이에 관해 대학 측은 "서비스하는 사람들의 대상자는 불특정 다

출처: SBS.

수다. 임기응변할 수 있는 서비스 마인드가 돼 있는지 학생들의 순발력을 알아보기 위한 불가피한 질문이었다"고 해명했다.

일차적으로 이런 황당한 질문을 던진 대학 측에 잘못이 있는 건 분명하나, 그 면접에 참여한 지원자도 창의력과 끼 넘치는 제3안을 도출했으면 어땠을까 하는 아쉬움도 남는다. 우문현답(Wrong Question, Right Answer)처럼 말이다.

- "결코 개인의 욕망 차원에서 드리는 얘기가 아닙니다. 종족 번식과 유전적 다양성을 위해 저는 9명 모두와 결혼하겠습니다."
- "죄송합니다만, 저 여자이거든요."
- "저야 하고 싶죠. 다만, 제가 워낙 못생겨서 거절당할 거 같은데, 어쩌죠?"
- "○○○와 □□□ 사이를 오가며 삼각관계의 스릴을 누리다, 잘 빠진 ○○○와 결혼해, ◇◇◇와 같이 털털하고 건강한 2세를 낳고 싶습니다."

- "밝히기가 좀 뭣합니다만, 사실 전 동성(同性)하고만 사랑이 가능해요."
- "먼저 떠난 '여친'과의 지고지순한 사랑을 떠올리면서 독신으로 남고 싶습니다."
- "선택할 수 있는 땐 모조리 선택하는 게 제 좌우명입니다. 달릴 수 있는데 굳이 걷진 않겠습니다."

라는 식으로 답변하면 유치하다는 평가를 받을까?

참고하라. 세상엔 공짜 점심도 없고, 새로운 것도 없고, 정답도 없다. 면접에도 딱히 정해진 답은 없다.

다만, 면접에선 내가 하고 싶은 말을 하는 게 아니라, 상대가 듣고 싶어 하는 얘기를 해야 한다. 그게 합격으로 가는 지름길이다.

실천4. 초점 이동시키기

한 여류 인류학자가 고릴라 멸종을 막기 위해 분투하는 영화 〈정글 속의 고릴라〉.

이 영화 제작진은 제작 초반 고민에 빠졌다. 대본대로 하자니 성가시기가 이루 말할 수 없었다. 야생 고릴라들은 좀체 대본대로 움직여주지 않았다.

그때 한 신입 스태프가 의견을 냈다. "대본에 맞추지 말고, 고릴라가 움직이는 대로 대본을 수정하면 어떨까요?" 이에 제작진은 무릎을 치며 동의했고, 덕분에 촬영을 무사히 마칠 수 있었다.

간밤에 임금이 꿈을 꿨다.

양손 엄지와 새끼손가락이 부러지는 꿈이었다. 불길한 마음에 용하다는 해몽가를 급히 불렀다. 임금 이야기를 듣고 난 해몽가가 아뢰었다.

"매우 상스러운 꿈입니다. 엄지와 새끼손가락이 부르지는 건 왕실 사람들이 전하보다 먼저 세상을 떠난다는 예지몽입니다."

이에 몹시 놀란 임금은 화가 나 해몽가를 감옥에 가둬버렸다. 그러곤 또 다른 해몽가를 불러 지난밤 꿈 얘기를 들려주었다. 그러자 또 다른 해몽가가 이렇게 아뢰었다.

"아주 경사스러운 꿈입니다. 왕실 사람들 가운데 전하께서 가장 장수하실 거라는 예지몽입니다."

임금은 대단히 흡족해하면서 그 해몽가에게 큰 상을 내렸다. 막 궁궐을 빠져나가는 해몽가를 신하들이 불러 세워 물었다.

"당신의 해몽은 지금 감옥에 갇힌 해몽가와 같은 내용이거늘, 어찌하여 누구는 벌을 받고 누구는 상을 받는단 말이오?"

해몽가는 빙그레 웃으면서 말했다.

"응당 같은 꿈이니 해몽 또한 다를 수 없지요. 다만, '무엇을 말하느냐!'가 아니라, '어떻게 말하느냐!'가 중요하다는 걸 제가 조금 일찍 깨쳤을 뿐입니다."

　여기 탐스러운 수박 한 통이 놓여 있다.

　한준과 윤서가 가장 좋아하는 과일이 수박이다. 둘은 상대보다 조금이라도 자기에게 그 양이 적게 돌아오면 참지 못한다. 그런 남매 때문에 엄마는 늘 고민이다.

　살아가면서 사람은 많은 분노와 마주한다. 특히, 자신이 차별 대우를 받고 있음을 눈치채는 순간 사람은 폭발한다. 절대 양이 부족해서가 아니라 누군가로부터 차별을 감내하지 못해서다. 배고픈 건 참아도 배 아픈 건 못 참는 게 인간의 본능이다.

　엄마는 이 수박을 한준과 윤서에게 아주아주 공평하게 나눠 주려 한다. 어떻게 나눠야 완벽한 절반이 되어 둘 모두 불평불만이 없을까?

　크기를 줄자로 재가며 자르는 방법이 있다. 무게를 달거나 믹서로 갈아 절반씩 나눠주는 방법도 있다. 또 장기적으론 씨앗을 심어 그 결실을 통크게 나눠 가지는 방법도 있다.

　유감스럽게도 여기엔 줄자도 저울도 믹서도 없다. 물론 씨앗을 뿌려 결실을 거둘 땅도 일 년을 기다릴 인내력도 둘에겐 없다.

　그런 상황에서 최선책이라면, 그건 한준과 윤서 둘에게 맡기는 방법이다. 즉, 한 사람은 나누고, 다른 사람은 선택하는 지극히 단순한 방법이다.

칼자루를 쥔 사람은 상대가 어떤 선택을 하더라도 자신이 손해 보지 않게 최대한 똑같이 나누고, 선택하는 사람은 그 가운데서 자신에게 유리해 보이는 쪽을 고르게 한다.

이게 바로 '공평함'에서 '선택권'으로 초점을 옮겨 도출시킨 제3안이다. "난 나눌 테니, 넌 골라라(I cut, You choose)!" 덤으로 한마디 하면, 마지막으로 선택하는 사람이 유리하거나 많이 가져가는 게 사회 정의다.

여생이 얼마 남지 않았음을 눈치챈 노인은 세 아들을 불렀다.

"내 재산을 셋으로 나누기엔 돌아갈 몫이 너무 적다. 셋 중 가장 창의적인 한 명에게 전 재산을 물려줄 생각이다."

노인은 그런 유언을 남기며 세 아들에게 각각 동전 한 닢을 나눠주었다. 그러고는 그 돈으로 물건을 사서 창고를 가장 많이 채워보라고 했다. 세 아들은 아버지의 유산을 물려받기 위해 갖은 아이디어를 짜내기 시작했다. 결과는 어떻게 되었을까?

첫째는 짚을 샀다. 안타깝게도 큰 창고 절반밖엔 채우지 못했다.

둘째는 솜을 샀다. 그러나 창고 절반을 조금 더 채우는 데 만족해야 했다.

셋째는 작은 물건 하나를 샀다. 그건 양초였다. 양초에 불을 붙이자 창고는 빛으로 가득 찼다.

노인은 환한 미소를 머금으면서 셋째에게 자신의 전 재산을 물려주었다.

세상엔 두 가지 물건이 있다. 하나는 눈에 보이고 형체가 있는 '유형의 물건'이고, 다른 하나는 눈에 보이지도 형체도 없는 '무형의 물건'이다.

첫째와 둘째는 유형의 물건을 선택한 반면, 셋째는 유형의 물건에서 탄생하는 무형의 물건을 선택해 유산의 주인이 되었다. 즉, 초점을 유형에서 무형의 물건으로 옮겨감으로써 새롭고 지혜로운 해결책을 찾아냈다.

실천5. 더하고 빼고 변형시키기

기자가 물었다. "당신은 어떻게 해서 그렇게 놀라운 결과물을 연달아 내놓을 수 있었나요?"

잡스가 답했다. "나는 절대로 새로운 무언가를 발명한 적이 없습니다. 단지 끊임없이 무언가를 찾고, 최선의 것이 발견되면 그것들을 결합(combine)했을 뿐입니다."

인간이 생각하는 것의 대다수는 이미 수십 년, 아니 수백 년 전에 누군가 떠올린 생각이다. 기막힌 한 천재가 생각한 게 아니다. 처음부터 거기에 있었다. 우린 그걸 또 다른 형태로 보이게 한 것뿐이다. 익숙한 걸 색다르게 엮는 게 효과적이란 사실을 잘 알고 있었다. 그래서 고민은 늘 더하기, 빼기, 재배열이었다.

- 더하기: 비디오게임 + 운동 = 닌텐도 Wii
- 빼기: 가게 – 점원(사람) = 자판기
- 재배열: 냉장고의 냉동 칸과 냉장 칸의 위치를 서로 뒤바꿈

《바로잉(Borrowing)》의 저자 데이비드 코드 머레이도 잡스와 닮은 얘기를 했다.

"아이디어란 다른 사람들의 아이디어를 재료로 해서 구축된 것이며, 진정으로 누구 한 사람만의 독창적인 아이디어는 이 세상에 존재하지 않는다는 점이다. 결코 무에서 유를 창조할 수 없다. 무언가가 있어야만 그것을 재료로 삼아 다른 어떠한 것을 만들 수 있다. 이건 뇌 물리학의 법칙이다."

결국, 창의적이고 혁신적 생각은 기존 지식에다 뭔가를 새로이 더하거나 빼거나 변형하고 재배열하는 과정에서 탄생하며, 더 멀리 바라보기 위해선 뉴턴의 유명한 고백처럼 거인의 어깨에 올라서야 한다는 게 이 주장의 핵심이다.

다양한 생각을 끄집어내려면, 막연하게 머리를 짜내기보단 어떤 발상의 기준(질문)을 정해두고서 하나씩 차례대로 짚어가며 아이디어를 이끌어내는 것도 좋은 방법이다. 그렇게 하나씩 생각을 확장시켜나가는 데 유효한 기법이 존재하는데, 바로 스캠퍼(SCAMPER)다.

브레인스토밍 기법을 창안한 알렉스 오스본(Alex F. Osborn)이 창의적 발상을 위한 일곱 가지 질문(체크리스트)을 만들었다. 이를 밥 에벌(Bob Eberle)이 활용해 'SCAMPER'란 약자로 재구성하고 발전시켰다. 한마디로 정형화시킨 창의적 발상 모델쯤이라고 보면 된다.

아래에 제시된 체크리스트(~한다면?)에 맞춰 개인과 집단의 생각을 하나씩 짚고 조율해나가다 보면 꽤나 유용하고 다양한 제3안과 만날 수 있겠다.

- 대체(substitute)한다면?
- 결합(combine)한다면?
- 응용(adapt)한다면?
- 변형(modify)한다면?
- 달리 활용(put to other uses)한다면?
- 제거(eliminate)한다면?
- 거꾸로(reverse)한다면?

이 가운데 '결합(combine)한다면?'에 대해 잠시 생각해보자.

'짜장' 하면 '노란 단무지'를,

'라면' 하면 '시큼한 김치'를,

우린 아주 자연스럽게 떠올린다.

하나 '짜장' 했을 때, 밤하늘의 '별'을 떠올리거나, '라면' 했을 때, 사막 한가운데를 지나는 '낙타' 무리를 떠올리기란 좀체 쉽지 않다. 우리 뇌는 모든 지식을 순차적으로 저장하는 것이 아니라, 어떤 연결 고리를 가진 것 끼리 함께 저장되기 때문이다.

그에 따라 이질적 혹은 전혀 어울릴 것 같지 않은 대상이나 요소를 정해 진 기준과 순서에 따라 결합하거나 변형하고, 제거하다 보면 의도하지 않은 제3의 창의적 발상과 조우할 수 있다. 본시 창의적 생각이란 서로 불편한 것을 살살 달래(더하고, 빼고, 제거해) 편하고 부드럽게 만드는 작업이 아니던가!

자, 과제다.

'라면 + 별 = ○○'

○○엔 어떤 생각으로 채울 건가? 이왕 나온 거니 좀 더 생각해보자. 짜장에서 양파와 감자를, 라면에서 스프를 뺀다면? 그런 다음 다른 걸로 대체한다면? 당신의 생각 여하에 따라 라면 회사 개발팀에서 연락이 올지도 모른다.

오른쪽이 안 된다면 왼쪽으로,

뜨거워 안 된다면 시리도록 차갑게 한다.

시간이 없다면 여유를 가지고,

채울 수 없다면 몽땅 버리고,

하늘을 오를 수 없다면 땅을 헤집어 판다.

'하늘 아래 새로운 건 없다'는 말처럼 아이디어란 건, 무(無)에서 유(有)를 창조하는 게 아니라, 세상 조각조각 흐트러진 것에서 새로운 나열 패턴을 밝혀내는 것이다. 오랜 공식들을 약간 비틀고 다듬어 색다르게 조합할 때 아이디어(신제품)의 가치는 더욱 빛난다.

제3안 떠올리기

take action now!

Action 1. 진정한 욕구 읽기

Action 2. 문제 본질 꿰기

Action 3. 우문현답(愚問賢答)

Action 4. 초점 이동시키기

Action 5. 더하고 빼고 변형시키기

인간성 대신 상을 택하다?

'저널리즘의 아카데미상'으로도 불리는 퓰리처상(Pulitzer Prize).

이 상은 언론, 문학, 역사, 음악 등 22개 부문에 주어지는 미국 최고 권위의 언론상으로 꼽힌다. 한마디로 미국 언론의 노벨상이다.

미국 신문 재벌 조지프 퓰리처의 유언에 따라 설립돼 1918년부터 매년 시상하고 있다. 컬럼비아 대학이 이 상의 기금을 관리하고 있으며, 수상자 선정은 미국 전역의 권위 있는 전문가 18명으로 구성된 퓰리처상 위원회가 맡고 있다.

최고의 공정성을 자랑하는 퓰리처상이지만 과거 몇 차례 시련을 겪었다. 그 가운데서도 가장 인상 깊은 거라면, 지난 1994년 독수리의 공격에 처한 수단 소녀 사진으로 피처(사진) 부문 수상작을 꼽을 수 있다.

사진 촬영의 주인공인 《뉴욕타임스》의 사진작가 케빈 카터(Kevin Carter)는 수상과 동시에 전 세계에 걸쳐 엄청난 반향을 불러일으켰다.

그 대표적인 것이 "인간성 대신 상(賞)을 택했다"라는 쓰라린 비난이다. 사진 촬영보다 먼저 소녀를 도왔어야 했다는 주장이다.

그런 비난에 직면한 케빈 카터는 친구와 가족에게 쓴 편지를 남긴 채 수상 3개월 뒤 스스로 33년의 생애를 마감했다.

출처: https://iconicphotos.wordpress.com/2009/08/12/vulture-stalking-a-child/

아프리카 대륙에서 가장 큰 국토를 가진 수단 사람들은 세계에서 가장 심각하고도 장기적인 위기에 처해 있다. 민족과 종교적인 대립 때문에 벌어진 내전이 오랜 기간 계속되었을 뿐만 아니라, 가뭄과 전염병까지 겹쳐 1980년대부터 1990년대 중반까지 100만 명 이상이 죽었다. 국제적이고 인도적인 차원의 원조 프로그램도 독재 정권 아래에선 거의 제 기능을 하지 못하고, 구호 식량은 기아에 허덕이는 난민에겐 좀체 전달되지 않았다.

외부로부터의 구호 식량이 제대로 난민에게 전달되고 있는지 그 실태를 취재하기 위해 케빈 카터는 수단 남부로 들어갔다. 한 식량 센터로 향하는 도중 참담한 장면을 우연히 목격하게 된다. 그것은 굶주림에 지칠 대로 지쳐 무릎을 꿇고 엎드려 있는 어린 소녀의 모습이었다.

등 뒤엔 소녀를 먹잇감으로 삼으려는 날카로운 독수리가 대기하고 있다. 독수리에겐 조금만 기다리면 푸짐한 성찬이 차려지는 셈이다. 케빈 카터는 이 장면 촬영 후 바로 독수리를 내쫓고 소녀를 구해주었다고 한다.

당신은 자살한 케빈 카터를 옹호하는 입장인가, 아니면 비판하는 입장에 서 있는가? 옹호든 비판이든 자신의 입장을 밝히고 더 중요한 건 '제3안(제3의 입장)'에 대해서도 생각해보는 거다. 단, 아래에 제시한 입장과 다른 세 가지 생각만 떠올려보라.

옹호하는 입장

• 사진작가는 언제 어디서 누구에게나 렌즈를 맞추고 셔터를 누를 준비가 돼 있는 직업인이다. 연출된 장면이 아닌 좀 더 생동감 넘치는 장면을 담고 싶은 욕망이 그들에겐 있다. 케빈 카터가 찍은 수단 소녀의 사진 역시 기자 정신을 발휘해 무의식중에 기계적으로 셔터를 눌렀을 것이다. 퓰리처상을 떠올리며 셔터를 누르진 않았다. 또한 소녀를 구하는 게 먼저인가, 사진을 찍는 것이 먼저인가 하는 우선순위에 관한 고민은 하지 않았음이 틀림없다. 재판관은 판결로 말하는 듯 사진기자는 취재한 사진으로 말할 뿐이다. 그 이상의 걸 케빈 커터에게 요구해선 안 된다.

• 케빈 카터의 사진 한 장은 국제 사회에 수단의 비참한 현실을 알리는 데 큰 역할을 했다. 당시 케빈 카터가 셔터를 누르지 않고 먼저 소녀를 구했다면 케빈 카터 머릿속에만 비극적인 영상이 담겨 있을 뿐 전 세계 사람들에게 처참한 실상을 제대로 알리진 못했을 것이다. 그의 사진 한 장은 백 마디의 기사보다 훨씬 효과적으로 진실을 외부 세계에 전할 수 있었다.

• 인간의 생명을 머릿수로 비교한다는 건 무리가 따르는 일이지만, 가령 사진 속의 소녀를 구해주지 않아 희생을 당했다 할지라도 이 사진을 통해 수단이 놓여 있는 상황을 정확히 알림으로써 수천, 아니 수만 명의 희생을 사전에 막을 수 있었다. 케빈 카터 본인 역시 33세의 삶을 스스로 마치지 않아도 되었다.

비판하는 입장

• 케빈 카터는 사진 촬영 후 소녀를 도와주었다고 밝혔다. 하지만 그 이전에 그는 이미 절체절명의 위기에 놓인 소녀를 인간으로 대우하고 있지 않다. 사진을 촬영하기 위한 자신의 피사체 정도로만 보고 있을 뿐이다. 이성을 가진 인간이라면 화들짝 놀라 적어도 셔터를 누르겠다는 생각보단 먼저 소녀를 구해야겠다는 심리가 앞서는 게 인지상정은 아닐까.

• 기아 상태의 비참한 현장을 목격한 케빈 카터는 재빨리 사진을 촬영한 후 소녀를 구해주겠다고 생각했을 수 있다. 하지만 성찬을 눈앞에 둔 독수리의 마음까지 케빈 카터가 헤아리기엔 무리가 있다. 이 때문에 위기일발의 순간에 케빈 카터는 한가롭게 카메라 셔터를 누르고 있다는 비판에서 자유롭지 못하다. 촬영 도중 험악한 독수리가 갑자기 날카로운 두 발톱으로 쓰러져가는 소녀의 목덜미를 향해 일격을 가했다면 어떻게 됐을까? 빈사 상태에 빠져 있던 소녀 목숨을 단번에 끊어졌을 수도 있다.

• 케빈 카터의 투철한 직업 의식을 모두 비판할 순 없다. 그렇다고 모든 걸 직업 의식으로 돌리거나 얼버무려선 안 된다. 분명한 건 최소한의 인간성을 겸비한 직업 의식이 케빈 카터에겐 없었다. 지하철에서 노인이나 여성이 불량배에게 위협을 당하고 있어도 두 눈만 질끈 감고 자리를 지키는 사람들이 과연 옳은 것일까? 도로를 청소하다가 쓰러져 의식을 잃은 환경미화원을 발견하고도 경찰이나 공무원이 할 일이라고 그 자리를 벗어나면 그만일까?

제3의 입장

• 어떤 경우든지 숭고한 인간을 죽음까지 몰고 가선 안 된다. 백보를 양보해 케빈 카터가 비판을 받을 만한 사진기자라 할지언정, 그를 죽음에 이르게 한 (무책임한) 언론과 여론 또한 비판에서 자유롭지 못하다.

• 이 문제의 본질은 퓰리처상에 있다. 케빈 카터가 퓰리처상을 수상하지 못했다면 이 사진에 관한 반향은 그리 크지 않았다. 당시 18명의 퓰리처상 위원회는 단순히 사진으로서의 작품성만을 보지 말고, 인간의 존엄성을 심사 기준에 포함시켰더라면 그의 사진은 수상작으로 선정되지 못했다.

• 온갖 비난을 견디다 못한 나머지 케빈 카터는 자살이라는 해서

는 안 될 극한 선택을 했다. 이 또한 올바른 행동이 아니다. 다양한 채널을 통해 사과나 자신의 심경을 알리는 방법도 기자라는 신분으로 충분히 가능하지 않았을까! 그리고 케빈 커터를 비난한 사람들도 그가 목숨까지 끊은 걸 바라진 않았을 것이다. 그런 측면에서 사진을 찍은 케빈 커터는 옹호하지만, 자살을 선택한 케빈 카터는 비난받아야 옳다.

A1. _____

A2. _____

A3. _____

| 다양성
키우기 | 억제(-) | 동조(conformity) |
| | | 기능적 고착(functional fixedness) |

앞의 Part2에선 다양성을 키우기 위해 촉진시켜야 할
'관찰'과 '제3안'의 의미와 중요성, 그 실천 노하우 등
에 관해 짚어보았다.

이번 Part3에선 다양성과 남다른 발상을 가로막는 두
가지 요소, 즉 '동조'와 '기능적 고착'이 내포한 문제점
과 각종 사례,그리고 이를 극복할 수 있는 실천 노하우
등을 상세히 소개한다.

바라거니와 당신이 동조와 기능적 고착에서 벗어나
다양한 생각과 남다른 발상의 주인공으로 거듭나길
기원한다.

3
Part

다양성을
막는
올가미 끊기

소녀는 어떤 책에
빠진 걸까?

동조라는 무뇌(無腦) 거수기

> 우리는 서로 동의하는 사람들로부터 위안을 얻게 되지만,
> 동의하지 않는 사람들과의 사이에선 성장을 얻게 된다
> 프랭크 클라크(미국 작가)

장-오노레 프라고나르, 독서하는 소녀, 1776년, 캔버스에 유채, 82×65cm, 워싱턴 국립미술관.

갸름하고 조각 같은 외모의 소녀는 책 읽기에 빠져 있다. 아래로 향한 눈길, 오뚝한 코와 귀여운 입술, 부풀어 오른 가슴, 환한 노란색 드레스. 무아지경의 홍조 띤 얼굴은 사랑스럽기 그지없다. 무엇보다 소녀 오른손에 들린 책은 지켜보는 이를 단숨에 그림 속으로 빨아들인다.

책은 작고 깜찍하다. 한 손에 간단히 들린 걸 보니 가벼운 게 분명하다. 여기서 질문이다. 소녀는 과연 어떤 책을 읽고 있을까?

푸릇푸릇한 나이와 어울리는 시집일까? 책 테두리가 붉은 걸로 봐서 성경일까? 질풍노도의 사춘기, 그 호기심으로 연애소설에 빠진 걸까? 이런 내 소견에 휘둘리지 말고 당신만의 상상의 나래를 펼쳐보라.

독서는 자기다움의 표현이다. 그 누구도 방해할 수 없다. 또 다른 세상에 완전히 몰입해 있어 그 어떤 쏠림이나 불경한 생각도 근접할 수 없다. 그래서 책은 자기다움의 가장 든든한 방패다.

개성 없고 눈치 보며 동조를 서슴지 않는 인간을 양산할 생각이면, 굳이 책을 불태울 필요까진 없다. 그냥 책을 펼치지 못하도록 하면 된다.

비극은 늘 그렇게 시작된다

조직에서 살아남는 제1원칙이 뭔지 알아?

일 잘하는 것? 웃기는 소리 하지 마. 그것도 무시할 순 없지만 상사

심기를 잘 살펴서 맞추는 게 첫째야. 그것도 모르고 임원 승진을 꿈꾸나?

어느 대기업 얘기다. 상무 말에 부장이 다른 의견을 내자 갑자기 욕설을 섞어가면서 소리 질렀다는 한 일간지(《동아일보》, 2016년 3월 17일자) 칼럼에 소개된 한 토막이다.

"요걸 그냥 콱, 뭉개버려!"

코앞에서 공산 혁명 운운하며 깐죽대는 턱수염 '혁명쟁이' 피델 카스트로를 미국으로선 인내할 수 없었다. 어떡하든 성가신 카스트로를 지구상에서 영원히 제거해버리고 싶었다.

1961년 4월, 반공 의지를 불태우던 케네디 정권은 마침내 카스트로 정권 전복을 위해 일어섰다. 일차 진격 포인트는 쿠바 피그스만(Bay of Pigs)이었다.

미국 중앙정보국(CIA)은 쿠바 망명자 1,500여 명을 '반혁명 용병군'으로 조직화했다. 그런 다음 이들을 이끌고 피그스만 상륙작전에 돌입한다.

그 결과는 잘 아는 바와 같이 쿠바군의 대반격을 받아 불과 사흘 만에 100여 명의 사상자를 내고, 1,200명이 생포되는 참담한 실패로 막을 내린다.

어쩌다 최강 미국이 쿠바와 같은 약소국에 된통 당한 걸까? 성공에는 딱히 이유가 없을지 몰라도 실패엔 그 나름의 이유가 꼭 있는 게 인간사다.

당시 작전을 지휘한 앨런 덜레스 CIA 장관을 비롯해 맥나마라 국방장관, 러스크 국무장관 등 최고의 엘리트 집단은 작전 입안 과정에서 '자신들은 유능하고 올바르고, 적은 극히 무능하다'는 근거 없는 과신과 쿠바에 대한 과소평가로 일관하면서 쿠바군에 관한 정보나 이번 작전이 회의적이란 사전 의견을 깡그리 무시했음이 훗날 밝혀졌다.

또 참모 대다수는 개인적으로 쿠바 침공을 반대하는 입장에 있었다. 그럼에도 참모들은 전체 회의석상에서 입을 굳게 다물었다. 침공에 상당한 회의감을 가진 사람들조차 전체 회의 분위기를 깨고 싶지 않아 본심을 드러내지 않았다. 결국 회의는 침공하는 쪽으로 자연스레 흘러가 버렸다.

다른 생각을 가진 구성원이 동조 압력을 받으면 집단 사고(groupthink)에 묻혀버린다. 냉철하고 현실적 판단을 하기보단 '좋은 게 좋은 거'라는 구성원 간의 의견 일치를 통해 유대감을 가지려는 노력이 앞선다. 그러다 의사 결정에 집단적 판단 오류를 범하면서 참담한 결과를 초래한다. 미군의 피그스만 침공이 딱 그랬다.

작전 실패로 이후 미국은 쿠바의 주권 침해 행위에 대한 통렬한 비판에 직면해야 했다. 또 위기를 느낀 카스트로 정권은 소련에 군사적 지원을 요청하면서 1962년 10월 쿠바 미사일 위기로 이어지는 최악의 결과를 낳았다.

위계질서와 권위는 구성원의 동조를 부추긴다. 그런 사례는 과거 우리 기업에서도 찾을 수 있다.

지난 1997년 8월 5일, 대한항공 801편이 괌에 추락했다. 탑승객 254명 중 228명 사망하는 대형 참사였다. 기체에는 이상이 없었고, 현지에 비가 내리긴 했으나 극복하지 못할 악천후는 아니었다.

이 사건의 원인은 기장이 상황 판단을 잘못해 착륙 결정을 내린 데 있다. 그러나 이 참사의 결정적 원인은 다른 곳에 있었다.

당시 부기장은 기장이 오판하고 있음을 알고 있었음에도 기장의 심기를 거스르지 않기 위해 완곡어법을 사용함으로써 자신의 의견이 제대로 전달되지 못했다. 결국 상명하복으로 대표되는 위계질서와 권위에 대한 동조가 참사의 원인이었던 셈이다.

다양한 생각과 창의력이 발휘되려면 여러 장면에서 활발한 토론과 소통이 이뤄져야 하는데, 여전히 우리 사회 곳곳에선 보수적 문화까지 한몫하며 과도하게 눈치 보고 침묵한다.

"인류의 길고 어두운 역사를 살피면, 반란이란 이름 아래 저질러진 것보다 더 끔찍한 범죄는 복종이란 이름 아래 자행됐음을 알게 될 거다."

영국 소설가이자 물리학자였던 찰스 퍼시 스노(Charles Percy Snow)의 날카로운 지적은 우울함을 넘어 통쾌할 지경이다. 자칫 복종이 일상적 동조로 뿌리내릴까 봐 두려워서다.

안다, 홀로 'No!' 라고 말할 수 없는 이유를

사람이 가장 관심을 가지는 이는 누구일까?

그건 바로 '나'다. 나보다 관심 있는 건 세상에 없다. 단체 사진 속에서 누굴 가장 먼저 보는가? 그럼에도 소신과 생각은 그렇지 못하다. 어찌 된 까닭일까?

여럿이 모여 합의로 결정한 의사 결정은 개인의 그것보다 우수할까? 또 개인이 내린 결정보다 바람직할까? 집단 의사 결정엔 항상 일사불란함을 강요하는 어떤 망령이 도사리고 있다.

그 망령이 바로 동조와 그 압력이다. 동조(conformity)란 '같은 가락(同調)'이라는 의미로 어떤 일이나 주장에 대해 남과 같은 보조를 취하는 걸 가리킨다. 개인이 집단이나 다른 사람이 가진 기준, 가치관, 기대 등에 따라 행동하는 것으로, 학교나 직장, 가정은 물론 온갖 사회집단 내에서 발견되는 현상이다.

또 동조 압력(peer pressure)이란 모두가 오른쪽을 향하고 있으면 자신도 오른쪽을 향하지 않으면 안 될 것 같은 무언의 압력이다.

단도직입적으로 묻는다. 다음 그림 왼쪽의 '기준 선분(standard line)'과 같은 길이는 오른쪽 세 개의 선분 1번, 2번, 3번 가운데 어느 것인가? 너무 쉽다고? 그렇다, 쉽다.

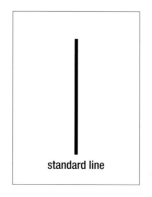

standard line

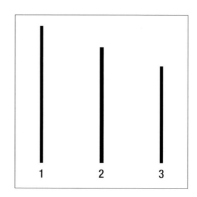

1 2 3

실험은 7명이 한 조가 돼 시작된다.

그들에겐 '시각 실험'이란 이름 아래 선분이 그려진 카드 한 장을 보여준다. 모두가 확실히 그 선분을 본 다음 또 다른 카드 한 장을 보여줬는데, 거기엔 서로 다른 길이의 선분 세 개가 있었다.

비교할 선분 세 개 가운데 기준 선분과 길이가 같은 것이 하나 있고, 다른 두 개는 더 짧거나 긴 선분이었다. 피실험자들은 기준 선분을 보고 비교 선분들 가운데 길이가 같은 것을 선택해야 한다.

피실험자들은 한 사람씩 차례로 자신의 답을 실험자에게 큰 소리로 말해달라는 요청을 받았다. 사실 7명 가운데 6명은 사전 실험 취지를 전달받은 협력자(바람잡이)였고, 나머지 1명만이 진짜 피실험자였다.

바람잡이 6명은 사전 모의대로 "3번", "3번", "3번"을 너무 당연하다는 듯 큰 소리로 외쳐댔다. 그러자 마지막에 답변을 하게 된 진짜 피실험자는 불편하고 어색한 표정을 지으면서도 결국 "3번"이라고 답했다.

이 실험에서 3번 길이가 기준 선분과 같다고 답하는 피실험자의 비율은 무려 40%에 가까웠다고 한다. 그냥 물었을 때 3번이라 답할 오답율은 불과 0.7%에 지나지 않는다고 한다.

이는 사회학자 솔로몬 애쉬(Solomon Asch, 1952)가 행한 동조 실험이다. 이 실험을 계기로 동조에 관한 연구가 발을 내딛는다.

정답은 코흘리개도 알아챌 만큼 명확하지만, 주변 다수의 사람들이 오답을 하면 피실험자 대다수 역시 덩달아 오답을 선택한다는 거다. 이는 의사 결정자가 자신의 소신보다는 다수파 의견에 반응해 굴복한 결과다.

여담인데, 애쉬는 왜 이런 유치한(?) 실험을 하게 된 걸까? 유대인이었던 애쉬는 제2차 세계대전 때 수백만 명의 독일인이 어떻게 히틀러의 지시에 맹목적으로 따르게 되었는지 사회심리학적으로 규명하기 위해 이 실험을 개발했다고 한다.

집단 사고와 그 행동에 유약한 인간의 모습을 극명하게 보여준 사례가 있다. 애쉬의 또 다른 사례인 엘리베이터 실험이 그것이다.

어느 나라든지 엘리베이터에 올라타면 문이 열리고 닫히는 출입구 쪽을 향해 서는 게 당연하다. 그러나 이 실험에서 실험자들(바람잡이)은 차례로 엘리베이터에 타면서 출입구를 등지고 선다. 피실험자는 아무것도 모른 채 이 엘리베이터를 올라타는데 바람잡이들이 출입구를 등지고 서 있자 당황스럽다는 듯 쭈뼛쭈뼛 주변을 살피다가 결국엔 자신도 슬며시 출입구를 등지고 서게 된다.

이는 집단이 하는 행동에서 홀로 벗어남으로써 비난받지 않으려는 욕구에 기인하는 것이라고 하겠다. 이와 유사한 사례들이 우리 주변에 존재하지 않는다고 누가 감히 단언하겠는가!

동조 압력을 부추기는 일상의 전형적인 대사 열 가지를 뽑으면 이런 게 아닐까.

"우린 같은 배를 탄 사람이라고!"
"너무 이기적인 거 아냐?"
"세상 혼자 사는 거 봤어?"
"도무지 의견 통일이 안 되잖아."
"너답지 않게 왜 그래?"
"결국 너(우리)를 위해서라고."
"전체가 피해를 입어도 좋니?"
"좋은 게 좋은 거라고!"
"다들 하는데 혼자만 왜 그래?"
"절이 싫으면 중이 떠나야지 뭐!"
"썩은 사과는 어느 상자에나 하나쯤 있다고 하더니…."

좋든 싫든 인간은 동조란 굴레에서 벗어날 수 없다. 다만 동조하는 건 적응 능력이기도 하지만, 집단 전체가 잘못된 방향으로 동조하는 사례는 무수히 많다.

흔히 '협동심'을 '팀워크'라는 말로 아름답게 포장하지만, 자신의 의견을 감추고서 단지 주변 사람들과 보조를 맞추는 게 협동이라면 그건 집단의 미래에 전혀 도움이 되지 못한다. 오늘날 유감스럽게도 '다양성 존중'과 '남다른 생각', '개성' 등은 '협동심'과 가장 멀리 있는 것이 돼버렸다.

인간은 자신의 생각과 판단을 드러내는 데 꽤나 서툰 존재다. 외부 압력에 쉽게 굴복하고 동조하는 유약한 존재다. 아는가, 어느 쪽으로 가든 가운데 보다는 극단이 더 안전하다는 사실을!

동조가 지배하고 그런 압력이 존재하는 환경이라면, 남다른 생각이나 개성, 그런 개성들이 모여 발산되는 다양성이 자라나기란 버거워 보인다.

밥 앞에 돼지는 늘 침묵한다

자신감을 잃으면, 온 세상이 나의 적이 된다(If I have lost confidence in myself, I have the universe against me).

–랄프 왈도 에머슨

다들 정장 입을 때 홀로 청바지 입고,

다들 삼겹살 시킬 때 홀로 닭발 시키고,

다들 '소맥' 시킬 때 홀로 와인 시킨다. 이게 과연 현실에서 가능한 얘기일까?

명확한 자기 신념과 철학을 가지고서 철저히 자기의 일만 파는 것처럼 일부 예외적인 영역이나 분야를 제외하곤 조직의 큰 흐름에 역행할 사람은 많지 않다.

그럼에도 모두 "예"라고 할 때, "아니오"라고 당당히 외치는 이들이 있다. 대체 어떤 사람일까?

배신자?

세상 물정 모르는 철부지?

개념을 상실한 멍청이?

조직의 왕따?

그게 아니라면, 굴지 기업 창업주의 2세쯤 되거나 99.9% 순도의 금수저쯤 되는 이가 아닐까!

교단에 서본 경험이 있는 사람이라면 필히 한 번쯤 경험했으리라!

분명 자신이 순간적 실수로 잘못된 내용(정보)을 제시한 것 같은데, 여기에 관해 누구 하나 이의를 제기하는 학생(수강생)이 없다.

대다수 학생들은 수업 중 교수(교사)가 언급한 내용에 관해 설령 그게 틀린 내용일지라도 함구해버린다. 물론 학생들이 눈치채지 못한 경우도 있지만, 알아챘다 하더라도 분위기에 눌려 입을 다문다. 간혹 가다가 확인 차 다시 묻거나 수업이 끝난 후 이의를 제기하는 학생도 있긴 하지만 그런 경우는 극히 드물다.

심지어 대기업이나 금융권, 최고경영자 과정 등을 대상으로 하는 내 외부 강연에서도 이와 큰 차이는 없었다. 설마 새로운 이론으로 착각해 그런 건 아니리라.

지난 1973년 마이런 폭스(Myron L. Fox) 박사는 '의료인 교육에 있어 수학적 게임이론의 활용'이란 제목의 강연을 진행했다. 강연 대상(청중)은 병원 경영자, 정신과 의사, 심리학자 등 의료와 관련된 일에 몸담고 있는 전문가로 모두 석박사 이상의 고학력자였다. 발표가 끝난 후 청중들은 강연에 관해 대단히 흡족해했고 많이 배웠다고 입을 모았다.

그런 폭스 박사는 대체 누구일까? 놀랍게도 그는 심리학자 도널드 나프툴린(Donald H. Naftulin)의 실험에 고용된 무명 배우로 게임이론과는 전혀 무관한 사람이었다. 오로지 나프툴린이 알려준 대로 강의 내용을 달달 외워 청중에게 얘기했으며, 그 내용은 사전에 만든 엉터리 대본이었다.

이처럼 강연자가 특정 분야의 대가라고 믿거나, 권위가 느껴지도록 깔끔하게 차려입고 확신에 찬 모습으로 유창하게 강연할 경우, 청중은 그 강사 얘기를 신뢰하고 만족스러워하며 동조하게 되는데, 이런 현상을 가리켜 '폭스 박사 효과(Dr. Fox Effect)'라고 부른다.

폭스 박사 효과는 모든 강의실에서 얼마든지 발견할 수 있다. 이는 누군가(교수, 전문가)가 가진 권위를 구성원(학생, 청중)이 무비판적으로 받아들이려는 사고에서 비롯된다. 특히, 권력자나 다수파, 언론 등에서 내는 의견엔 무비판적으로 수용하려는 경향이 매우 강하다.

이 때문에 간혹 학생(청중) 자신이 교수(전문가)와 다른 생각이 있다 하더라도 쉽게 입을 떼지 못하며, 되레 자신이 뭔가를 착각하고 있는지 모른다는 자기 불신마저 가지게 된다.

뉴욕에서 음악을 공부하는 친구가 직접 겪은 일이다. 교수님이 음악을 한 곡 틀어놓고 '이퀄라이저'라는 기계로 고음대와 저음대의 소리를 조절하면서 무엇이 다른지, 어떤 소리가 더 좋은지 학생들과 토론을 하고 있었다. 다른 학생들은 '이전 소리가 낫다', '아니다' 하며 열띤 토론을 하고 있는데 그 친구는 아무 차이도 느낄 수 없었다고 한다.

당황한 친구는 같이 수업을 듣는 한국 학생에게 '정말 들리냐', '혹시 음색 조절하는 기계가 꺼진 것은 아니냐'고 두 번이나 확인을 했다. '잘 들어보라'는 위로의 말이 돌아왔을 뿐이었다. 친구는 자신의 음악적 재능에 회의가 들었다고 했다.

그렇게 30분이 흐르고 난 뒤 교수는 기계가 꺼져 있었던 것을 확인하고 사과했다. 음악에 전혀 변화가 없었던 것이 사실이었다. 친구는 자괴감으로부터 해방되었지만 꺼져 있는 기계를 만지고 학생들에게 계속 의견을 물었던 교수나 열띤 토론을 벌였던 학생들이나 서로 얼마나 민망했을지….

음주운전자가 낸 7중 추돌 사고로 신체 55%에 3도 화상을 입고서도 인간 승리의 주인공이 된 이지선 씨. 이 글은 그녀의 한 칼럼에 나오는 내용이다.

"우리가 서로에 대해 절대로 용서하지 않는 유일한 죄는 의견 차이다(The only sin which we never forgive in each other is difference of opinion)."

사상가 겸 시인이었던 에머슨의 말이다. 정말 용서할 수 없을 만큼 나를 짜증 나게 만드는 이는 나와 다른 의견을 가진 사람이란 의미다. 그런 사실을 본능적으로 알고 있기에 우리는 일상에서 쉽게 상대에게 순응하고 동조하는 건지도 모른다.

나치가 공산주의자를 공격했을 때, 나는 침묵했다.
나는 공산주의자가 아니었다.

그다음에 유대인을 숙청했을 때, 나는 침묵했다.
나는 유대인이 아니었다.

그다음에 노동조합원들을 덮쳤을 때, 나는 침묵했다.
나는 노동조합원이 아니었다.

그다음에 가톨릭교도를 몰아세웠을 때, 나는 침묵했다.
나는 가톨릭 신자가 아니었다.

그들이 나에게 들이닥쳤을 때,
나를 위해 나설 줄 사람은 아무도 남지 않았다.

앞의 〈나치가 그들을 덮쳤을 때…(First they came…)〉는 독일 신학자이자 반(反) 나치 운동가인 마르틴 니묄러의 시다.

또 "때로 침묵하는 건 거짓말을 하는 것과 같다"고 한 스페인 철학자 미겔 데 우나무노의 지적을 떠올려보라. 당신이 정작 침묵시켜야 할 건 바로 상투적인 것들이다(Silence the stereotypes).

변화의 바람도 불고 있다. 삼성전자의 수평적 호칭이 그것이다. 이 회사는 조직 문화 혁신 방안의 하나로 부장님이나 과장님 같은 직위·직책으로 부르는 대신 직원 간엔 이름 석 자에 '님'을 붙여 '○○○님'으로 한다. 부서 내에선 업무 성격에 따라 '님', '프로', '선·후배님' 또는 영어 이름 등 수평적 호칭을 자율적으로 사용하게 된다.

상명하복의 연공서열 문화를 고치고자 먼저 윗사람 눈치 보게 만드는 계급장(호칭)을 떼겠다는 취지다. 다만, 팀장, 그룹장, 파트장, 임원은 직책으로 부른다. 수평적 소통은 부장 이하만 적용되는 게 아닐 텐데, 창의적 발상과 거침없는 토론이 설 자리를 빼앗아 자칫 헛구호가 될 수 있다.

동조하지 않고 침묵하지 않은 당신의 용감함과 자존심, 이게 남다른 생각을 확산시키는 힘의 원천이다. 그래서 용감의 반대는 비겁이 아닌 동조다. 동조 압력에 굴하지 않은 당신이 바로 다양한 생각을 포용하는 큰 사회를 만든다.

김 팀장이 쉽게 동조하는 까닭?

흉기를 든 2인조 강도가 버스를 탈취한다. 승객의 소지품을 빼앗은 강도는 반반해 보이는 여성 운전사를 발견한다. 급기야 운전사를 위협하며 성폭행하려 든다. 당신이 이 버스 승객이라면 어떻게 할 건가?

한적한 시골길을 달리던 버스가 2인조 강도의 습격을 당한다. 강도는 승객의 금품을 강탈한 다음 젊은 여성 운전사를 끌고 나가 성폭행하려 든다. 이를 지켜보던 한 승객(청년)만이 버스에서 내려 성폭행을 제지하려 나서지만 강도 칼에 찔려 부상을 입는다. 그런 장면을 버스 안의 승객 모두는 고스란히 지켜보지만 모른 체하며 침묵으로 일관한다.

잠시 뒤 성폭행당한 여성 운전사는 버스로 돌아와 원망과 경멸의 눈빛으로 승객들을 쳐다본다. 부상당한 청년이 버스에 올라타려 하자 어쩐 일인지 운전사는 내리라며 매몰차게 뿌리친다. 청년은 이해할 수 없다는 표정을 지으며 항변한다. 하지만 운전사는 청년의 짐까지 창밖으로 던져버리곤 버스를 몰고 떠나버린다.

청년은 쩔뚝거리며 길을 걷다 마침 지나가는 차를 얻어 탄다. 잠시 뒤 청년은 처참한 교통사고 현장을 목격한다. 사고 차량은 조금 전까지 자신이 타고 있었던 44번 버스다. 버스가 언덕 밑으로 굴러 떨어지면서 운전사를 포함한 승객 전원이 사망했다는 경찰관들의 대화를 엿듣곤 청년은 쓴 미소를 짓는다.

부산국제영화제에 출품된 단편영화 〈버스44(车四十四)〉의 줄거리다.

〈버스44〉는 2001년 제작된 11분 분량의 홍콩 영화로 중국에서 실제 있었던 일을 바탕으로 만들어졌다. 작품성을 인정받아 제58회 베니스국제영화제 심사위원대상을 수상했다.

영화는 분명 잘못된 것임을 알고 있으면서도 자신에게 피해가 돌아올까 봐 두려워 침묵하고 그에 동조하는 개인과 조직, 나아가 우리 사회에 많은 경각심을 일깨워준다. 다른 승객들이 어떻게 나오나 요리조리 눈치를 살피다가 평소 귀 따갑게 들어왔던 "더도 덜도 말고 중간만 가라"라는 대세(?)에 슬며시 동조하면서 초래된 비극이다.

동조나 그 압력을 유발시키는 집단은 어떤 모습일까?

무엇보다 의사 결정이 매우 일사불란한 집단이다. 집단의 목표가 뚜렷하고 권위 의식이 강하며 충성심이 매우 높은 집단일수록 동조와 침묵이 전염병처럼 창궐할 확률이 높다. 이는 구성원이 기득권에 편승하려는 이기심과 권위에 순종해 눈에 나지 않으려는 집단 분위기 탓이다. 반대로 집단 내 다수파 간의 일치도가 낮으면 동조 압력도 큰 폭으로 떨어진다.

또 과제의 중요성이나 애매함, 지난함 정도가 올라가면 동조 압력도 함께 높아진다. 중요한 의결을 할 경우, 다수파 의견이 분명하면 소수파는 의견 내기가 곤란해져 쉽게 동조한다. 의견 불일치가 공개적으로 드러나는 걸 두려워해 집단 의견에 선뜻 동조하기도 한다.

개인적 요인으론 자기 확신이나 자신감이 떨어지게 되면, 동조는 더욱 촉진되고 큰 실패 경험을 가진 사람일수록 쉽게 동조하는 경향이 있다. 빨간 신호등도 무리 지어 건너면 달려오는 차들이 모두 정지할 거란 생각에 신호를 무시한 채 누군가 건너면 따라 건넌다.

게다가 흥미로운 건 집단에서 그 지위가 중간에 있는 사람이 가장 쉽게 동조한다고 한다. 이는 동조함으로써 얻을 수 있는 이익과 동조하지 않음으로써 잃는 이익이 가장 큰 자리가 바로 중간층이기 때문이란다.

"한국 기업의 임원실은 마치 엄숙한 장례식장 같다."

국내 기업 임원으로 일했던 한 외국인은 그렇게 꼬집었다. 임원 앞에서 꼿꼿이 선 채 불명확하고 불합리한 리더의 업무 지시에 왜(Why)도 아니오 (No)도 하지 못하고 고개만 끄덕이더라는 거다. 의문이나 다른 생각 그 자체가 금기시되었다. 임원에게 보고를 하는 직책이라면 차장이나 부장과 같은 중간층이다.

사회적 동물인 인간에게 동조란 때때로 생존과 밀접한 관련이 있다. 새로운 직장이나 해외여행지 등과 같은 미지의 환경에선 주위를 관찰해 다

른 사람들이 하는 방식을 따라 하게 마련이다. 익숙하지 않은 상황에서 주위 사람들의 각종 정보는 자신의 행동에 큰 힌트를 준다.

이를테면, 처음 가는 식당에선 손님이 주로 뭘 먹나 둘러보다 다수가 먹는 음식을 대개 주문한다. 한 번도 올라본 적이 없는 산 중턱에서 두 개의 등산로와 맞닥뜨렸다. 어느 쪽으로 갈 건가? 잠시 눈치를 살피다 다른 등산객이 가는 방향으로 쪼르르 따라가는 게 보편적 현상이다. 편하고 안전해 보이니.

또 우린 무의식중에 타인을 모방하는 행동을 취한다. 과거 파시즘이나 군국주의, 혹은 독재자에 대한 개인숭배가 그것이다. 의식적으로 영합하는 사람도 있지만, 무의식중에 찬동하는 사람도 상당수 있었다. 적어도 아무런 인식 없이 동조하는 것과 인식한 다음 동조하는 것 사이엔 큰 차이가 있다.

동조가 집단에 반드시 부정적 역할만 하는 건 아니다. 이를테면, 사람들 간의 생각(의견)이 같으면 의사소통을 원활히 할 수 있고, 조직의 융합을 이끌어낼 수 있으며, 구성원 간의 공감대도 높일 수 있다.

반대로 지나치게 의견 차이가 커지면 집단이 나아가야 할 방향성을 흩뜨릴 수 있으며, 그 결과 집단 내 '왕따'나 '이지메' 현상도 불러올 수 있다. 그런 이유로 동조가 꼭 단점으로만 작용하진 않는다.

그럼에도 생각의 동질화가 진행된 집단의 가장 큰 문제점이라면 뭘까?

사실 '동질화 집단'엔 엄청난 리스크가 상존한다. 의견 통합이 매끄럽고 집단 목표가 뚜렷한 집단에게는 자기들 생각만이 옳다고 믿는 경향(집단 사고)이 강하다.

일찍이 철학자 쇼펜하우어는 그렇게 한탄했다.

"우리는 다른 사람과 똑같이 되기 위해서 자신의 4분의 3을 잃어버린다."

자신감을 잃으면,
온 세상이
나의 적이 된다

'일생' 이란 단어에서
동조를 곱씹다

동조 압력에서 자유로워질 5가지 노하우

창의력은 자신이 위대하다는 것을 믿는 것이다.

웨인 D. 드와이어

한스 발둥 그린. 여성의 세
시기, 1510년, 라임우드
위에 유채, 48×33cm, 빈
미술사 박물관.

'일생'이란 의미를 정확히 아는가?

사전적 정의(국어사전)는 "세상에 태어나서 죽을 때까지의 동안"이라고 돼 있다. 영어 사전엔 두 가지가 나온다. 'one's life'와 'lifetime'. 국어사전의 정의를 따르게 되면, '일생'은 'lifetime'에 가깝고 다들 그렇게 인지한다.

하지만 '일생'을 한자로 쓰면 '一生'이다. 단 한 번밖에 없는 삶이란 뜻이다. 그런 의미에서 'one's life'가 '일생'이란 말을 가장 정확히 함축해 표현하고 있다.

다른 말로 'YOLO'다. 'You Only Live Once(오직 한 번 살 뿐이다)'의 두음 문자로, 인생은 단 한 번뿐이니 하루하루를 마치 마지막 날인 것처럼 개성과 열정 넘치는 삶으로 꾸려보라는 얘기다.

오직 한 번밖에 없는 우리네 삶이지만, 늘 우린 죽음과 어깨를 나란히 하고 있다.

- 인간의 사망률은 정확히 100%다.
- 삶의 시작과 더불어 죽음도 시작된다.
- 삶이 끝나면 죽음도 끝난다.
- 인간은 평생 나이란 불치병을 앓고 살아간다.
- 우린 시속 60분의 속력으로 죽음을 향해 달리고 있다.
- 삶과 죽음은 동전의 양면처럼 맞닿아 있다. 이 때문에 '사는 날까지'와 '죽는 날까지'는 동의어다.

- 우린 모두 집행 일이 정해지지 않은 사형수다.
- 죽음은 창조의 거대한 원천이다.
- 죽음은 우리 모두가 공유하는 삶의 종착지다.
- 산다는 건 자신에게 남겨진 삶을 조금씩 죽이는 일이다.
- 산다는 건 죽음이란 리스크를 감수하는 일이다.

톨스토이는 말했다.

"죽음을 망각한 생활은 동물의 상태에 가깝고, 죽음이 시시각각으로 다가옴을 의식한 생활은 신의 상태에 가깝다."

로마 시대 개선장군 뒤에서 황금 월계관을 받쳐 든 노예는 쉼 없이 속삭였다.

"모멘토 모리(Momento Mori)."

즉, '죽음을 기억하라'는 의미의 라틴어다. 날고 기어봤자 당신도 또한 유한한 인간이니 언젠가 죽는다는 걸 최고의 순간에도 잊지 말고 겸손해지라는 경종의 말이다.

일생이 버스라면 당신은 승객이다. 언젠가는 그 버스에서 내려야 한다. 그걸 수긍했다면, 당신이 타인의 삶을 살아가야 할 이유는 몽땅 사라진다.

명심하라. 몸은 내 것이면서도 머리는 남의 삶을 사는 이중인격이 바로 '동조'다.

실천1. 천상천하유아독존

유치원, "친구랑 싸우지 말고 잘 어울려."
초중고, "선생님 시키는 대로 잘 따라 해."
대학교, "교수님 얘기 그대로 옮겨 적어."

그렇게 유치원 3년, 초중고 12년, 대학 4년, 무려 19년을 어울림과 순종, 그리고 침묵을 중시하는 가치관과 환경 속에서 듣고 배우면서 우린 자라왔다.

여느 학생과 다른 생각이나 행동을 하게 되면 "협동심이 부족하다"는 신랄한 비판과 부정적 평가라는 단두대에 서야 했다.

사회가 요구하는 인재상이 급변하고 있는데, 우리 교육은 수십 년째 같은 방식을 답습하고 있다. 그러다 대학을 졸업하고 운 좋게 직장을 잡았다. 출근 첫날 팀장의 입에서 튀어나온 말은 생판 처음 듣는 외계 언어다.

"확고한 주관과 생각을 가지고 일해주길 바라네!"

지금껏 주관은커녕 스스로 생각할 기회조차 별로 없었던 사회 초년생에게 떨어진 팀장의 주문은 '없는 걸 만들어내라'는 생떼와 다를 게 없다.

이도 잠시, 팀장 주문이 단지 미사여구였음을 깨닫는 덴 많은 시간이 걸리지 않는다. 입사하기 전까진 자기 주도적 삶을 살았는데 막상 조직에 들어와 보니 자기 마음대로 할 수 있는 게 거의 없었다. 위에서 시키면 시키는 대로만 잘하면 된다. 괜히 새로운 아이디어로 날을 세워 집단 시류를 거스를 하등의 이유가 없다. 윗사람 눈치 보면서 버티다 보면 언젠가 나도 과장 되고 부장 된다.

다양성을 인정받기 힘든 우리 사회는 개인에게 동조를 요구하는 사회적 압력(동조 압력)이 서구 사회보다 강하다. 또 한국인은 개인주의나 계약주의가 뿌리 내린 서구인과 비교해 동조 압력에 매우 취약한 경향을 보인다.

자신이 자신임을 확인하고자 아이덴티티를 표출하려고 하면 할수록 세상의 손가락질과 비난의 강도가 올라가는 게 바로 우리 사회요, 집단 내부의 전형적 모습이다.

내 유학 시절 얘기다.

어느 날 일본과 브라질 간에 축구 경기가 벌어졌다. 의아할 만큼 친구 (일본인)는 시종일관 브라질을 응원했다. 그럼에도 주변에 누구 하나 눈치 주거나 비난하지 않았다. 친구는 정확히 브라질을 응원했다기보다 그 팀의 한 선수를 열렬히 응원했다.

한국인일지언정 김연아나 류현진만이 아니라 아사다 마오나 세계에서 가장 안타를 많이 때린 이치로를 좋아하고 응원하면 왜 안 되는가? 물론 안다, 이들은 모두 일본인이다. 그러나 감정이 언제까지 이성과 국익을 지배하고, 과거가 현재와 미래의 발목을 잡아야 하는가! 또 국적을 떠나 개인으로서 얼마든지 좋아할 수 있어야 그게 제대로 된 사회라고 보는데, 당신 생각은 어떤가?

아이는 어른에게, 학생은 선생님에게, 부하는 상사에게 순종하는 건 어쩌면 자연스러운 현상이다. 이런 습성은 오랜 기간 상명하복과 같은 사회적 분위기에서 무의식적으로 형성된다.

가령, 수업 중 학생들이 질문하지 않거나 반론이 제기되지 않는다면, 질문할 수 없도록 수업을 운영했거나 반론의 여지를 애당초 막고 있진 않았는지 돌이켜 봐야 한다.

그런 무거운 분위기가 자칫 학교와 같은 교육 시스템에 뿌리 내리면서 동조 압력이 지속된다면 교육이란 본연의 취지를 퇴색시킬 수 있다. 직장도 예외는 아니다. 그런 의미에서 아랫사람의 의견을 먼저 구하는 것도 동조를 막는 유용한 방법이다.

한 교실을 책임지는 교수(교사)가 가장 먼저 해야 할 책무라면, 무겁고 칙칙한 권위주의적 분위기를 수업에서 몰아내는 일이 아닐까. 이른바 근엄하고 권위주의가 물씬 풍기는 수업은 동조를 부추기고 다양한 생각을 말살할 가능성이 커서다.

학생도 마찬가지다. 교육 현장에서 침묵은 금이 아니다. 또 침묵이라고 해서 다 같은 게 아니다. '말하지 않는 것'과 '말 못하는 것'은 하늘과 땅의 차이다. 말하지 않는 건 알량한 자존심 때문일지 몰라도, 말 못하는 건 자신의 존재 이유를 깨닫지 못해서다.

왜, 늘 같은 생각을 해야 하는가?

왜, 늘 무리를 이뤄야 하는가?

왜, 늘 주변 사람의 눈치를 봐야 하는가?

다른 생각이나 행동을 한다고 해서 주변에 피해를 주는 것도 아니다. 그럼에도 불구하고 부정적 평가를 받는다는 의미는 뭘까?

혹시 동일한 가치관, 행동 기준, 능력을 지닌 규격품 인간을 만들려는 건 아닌가? 이게 사실이라면 그건 절망이다. 우린 생물(生物)이기 때문이다. 설령 그렇다 치더라도 그런 분위기에 절대 굴복해선 안 된다.

우리 자신은 특별한 존재다. 모두 입으론 그렇게 말하지만, 위험이나 불편함 등이 동반되는 상황이 두려워 남을 모방하거나 흉내 내면서 행동하고 사고한다.

뉴턴 같은 위대한 과학자라도 마음대로 셰익스피어와 같은 작가가 될 순 없다. 마찬가지로 내가 아인슈타인이 될 수 없듯 아인슈타인 역시 내가 될 수 없다. 우리 개개인은 모두 어마어마하게 특별한 존재다. 스스로 빛을 내는 발광체(發光體)다. 그걸 알았다면 자기 삶의 주인공이 되는 게 천만 번 옳다.

天上天下唯我獨尊 천상천하유아독존

맨날 듣는 긍정적 사고 정도로만 받아들이진 마라. 가치관은 사람마다 모두 다르다. 가치관에 대해 그 누구도 비판할 수 없다. 물론 그럴 필요 또

한 없다. 십인십색(十人十色)이란 말이 존재하듯 사람의 가치관은 실로 다양하다.

"정말 독특하다", "다른 사람과 다르다"라는 말을 받는 게 우주의 유일무이한 존재로서 당연한 게 아닐까. '나는 나다'라는 소박한 생각을 너무 쉽게 접는 건 아닌가.

셰익스피어의 《존 왕》에서 프랑스 왕자 루이의 대사는 빛난다.

"누구의 소유물이 되기엔, 누구의 제2인자가 되기엔, 또 세계의 어느 왕국의 쓸 만한 하인이나 도구가 되기엔, 나는 너무나도 고귀하게 태어났다."

남다른 생각과 개성은 그런 이유로 더없이 소중하다. 자칫 집단에서 튀는 모습으로 비칠 수 있겠지만, 확신이 섰다면 남들이 다른 답을 강요하더라도 끝까지 소신을 접진 말자. 자신을 있는 그대로 드러내라.

동조나 침묵을 강요하는 사람은 당신의 친구가 아니다. 더 용감해져라. 내가 진정 주인인 삶을 살아라.

실천2. 대중과 반대로 걸어보기

가시밭길

황무지길

아무도 없는 길

내 길

(경주여고 1학년 박하현, 〈길〉)

오래전 경험이다.

1987년 '6 · 29 선언' 직전 나는 지방의 한 대기업에 몸담고 있었다. 그 무렵 전국에 걸쳐 노조와 대학생, 시민 단체가 연계된 대규모 가두집회가 연일 계속되고 있었다.

내 직장은 물론 주변의 많은 기업의 노동자도 민주화(직선제 개헌)와 노동조합 인정을 요구하면서 불길처럼 일어섰다. 어느새 조직화한 수천 명의 시위대는 양쪽 차로를 꽉 매운 채 도심(시청)을 향해 행진하기 시작했다.

사랑도 명예도 이름도 남김없이 / 한평생 나가자던 뜨거운 맹세 / 동지는 간데없고 깃발만 나부껴 / 새날이 올 때까지 흔들리지 말자.

당시 시위대의 압도적 18번 〈임을 위한 행진곡〉이 우렁차면서도 진중하게 거리에 울리고 있었다. 그 기세에 눌린 전경들은 어느 순간부터 슬며시 자리를 터주었다. 일찍이 경험한 적이 없는 소름 돋는 감동적 장면으로 뇌리에 기억되고 있다.

그런 와중에 나는 홀로 밀물처럼 몰려오는 시위대(군중) 사이사이를 요리조리 비켜가고 때론 부딪혀가면서 완벽히 반대 방향으로 걸어야 했다. 시내버스를 비롯해 각종 차량은 오도 가도 못하고 도로 옆에 덩그러니 서 있었다.

웬만한 강단이나 자기주장이 강하지 않고선 수많은 군중이 도로를 차지해 행진하는 가운데 홀로 그 대열의 반대 방향으로 걷기란 쉽지 않다. 내게 어떤 원대한 신념과 목표가 있어서 그랬던 건 아니고, 당일 급히 자취방으로 돌아가야 할 불가피한 사정이 있었다.

군중과는 정반대 방향으로 걸으면서 내가 느낀 두려움과 미안함, 고독감 등 심적 혼란은 지금도 생생하다. 30년이 다 되어가건마는 여전히 뇌리를 맴돈다.

이슈가 난무했던 80년대 급변기에 대학을 다닌 사람이라면, 익히 한 번쯤은 이런 유사한 경험을 목격했거나 직간접적으로 접했을 수 있겠다.

교수님은 대학 본부의 방침에 따라 정상 수업을 고수하는 상황에서 학우 대부분은 수업을 거부한 채 교문 밖으로 뛰쳐나가 최루탄을 맞고 짱돌을 던지는데, 홀로 강의실에 남아 수업을 듣는 딱 그 기분 말이다.

강의 시간 내내 교수님 입 모양을 뚫어져라 쳐다보고 있지만, 머릿속에 맴도는 건 온통 '기회주의자', '무뇌', '배신자' 등과 같은 학우들이 보내올 따가운 시선과 냉소뿐이다.

어느 날 마케팅 수업에서 교수님이 나이키의 성공 전략에 관한 리포트를 내주자, "이런 전략을 배우게 하는 건 혹시 저희를 제국주의 문화에 편승시키려는 건 아니지요?"라며 반미 감정을 고스란히 드러내던 시절이었으니 오죽했겠는가.

"에~잇, 나도 뛰쳐나갈 걸 그랬어!" 하는 막심한 후회감이 걷잡을 수 없을 만큼 몰려온다. 그러나 이미 버스는 떠나버렸다는 허무감에 곧 자포자기 심정에 빠져든다. 이게 바로 홀로 강의실을 지키는 학생에게 몰려오는 동조 압력이다.

대중을 따르는 사람은 대중을 넘어서지 못한다. 홀로 길을 걷는 사람만이 아무도 가보지 못한 곳에 닿을 수 있다. 인생에는 두 가지 길이 있다. 주류에 스며드는 길과 눈에 띄는 길. 눈에 띄기 위해선 달라야 한다. 그리고 남들과 달라지려면 누구도 아닌 나 자신이 되어야 한다. ─앨런 애슐리 피트

구성원 대다수, 즉 대중이 가지 않는 길을 혼자서만 간다는 건 결코 쉽지 않은 결단이다. 하지만 긴 인생에서 보자면 그런 결단은 자신의 내적

성숙은 물론 자신만의 세계를 개척할 수 있다는 점에서 빛난다.

이른바 잘난 사람들이 사전에 치밀하게 설계해놓은 인생 드라마. 그 속에서 대부분의 사람은 그저 '행인1, 행인2, 행인3'일 뿐이다. 언제까지 동조하면서 무명 떠돌이 행인으로만 살아갈 건가?

세상을 바꾸려 하면서 어찌 이미 있는 길을 가려 하는가? 가지 않은 길에 미련을 두고 후회만 할 건가? 들러리와 '땜빵'이 아닌 주인공으로 거듭나자. 그럼 이렇게 추천하고 싶다.

사전에 누군가가 설계한 방향과는 반대쪽으로 틀곤 뚜벅뚜벅 걸어가라. 당신이 움직이면 세상도 미래도 바뀐다.

실천3. 자신의 존재 이유 깨닫기

동조는 창의력의 죽음이다. 남다르고 특출 난 네 자신이 돼라
(Conformity is the death of Creativity. Be Different. Be Brilliant.
Be You).
　　　　　　　　　　　　　　　　　　　　　　－스테파니 멜리샤

인간에겐 세 가지 의미 있는 날이 있다.

하나는 자신이 세상과 만난 날, 또 하나는 세상에 자신이 존재하는 까닭을 깨닫는 날, 마지막 하나는 자신이 세상과 작별하는 날이다.

유감스럽게도 많은 사람이 두 번째와 세 번째 날을 모른 채 인생을 마감한다. 특히 세 번째는 신이 아닌 이상 알 길이 없다. 그렇다면 굳이 그날을 알려고 악다구니를 쓰지 않아도 된다.

진정으로 안타까운 건 두 번째 날의 심오한 의미를 알지 못한 채 허무하게 삶을 접는 거다. 당신이 세상에 존재하는 이유는 뭐라고 생각하는가?

이 넓은 세계에 너밖에 없다.
소중한 사람이라고. A Miracle.
그 생명의 빛, 아무도 흉내 낼 수 없다.
멋진 기적이야. A Miracle.
(중략)

70억 가운데 단 하나의 생명,
태어나 거기에 있다. A Miracle.

일본 밴드 고다이고(GODIEGO)가 데뷔 40주년을 맞아 2015년 말 발표한 싱글 〈너는 기적!〉에 등장하는 가사 몇 대목이다. 밴드는 우린 세상에서 유일하고 가장 소중한 존재이며 그 자체가 기적이라고 노래한다.

스티븐 호킹과 함께 블랙홀 이론을 정립한 걸로 알려진 수학자 로저 펜로즈(Roger Penrose)는, 신이 아닌 오로지 물리학 법칙에 의해 우리가 살고 있는 이 질서 정연한 우주가 생성될 확률을 계산해보았다. 그 결과 '10의 10승의 123승의 1보다 작다'는 경이로운 결론을 얻었다.

이처럼 확률적으로 도저히 불가능한 일이 실제로 눈앞에 펼쳐지고 있다. 우리가 살고 있는 우주와 지구, 그 안의 나란 존재가 명백한 증거다. 세상은 확률과 실제 사이에 큰 괴리가 있음을 기적을 통해 보여준다.

질서 정연한 우주의 중심은 '나'다. 천동설(天動說)을 믿어라. 세상만사는 모두 '나'를 축으로 빙빙 돌고 있다. 빅뱅 이래 최고의 명품은 단연코 '나'다.

시간이란 개념으로 보자면, 나는 우주보다 훨씬 희소성을 띤다. 우주 최초의 순간은 지금으로부터 약 137억 년 전에 이미 시작되었고, 지구도 약 46억 년이란 역사를 지니고 있다. 현재 약 75억에 달하는 99.9%의 지구인은 탄생한 지 아직 100년이 채 되지 않았고, 나는 그 가운데 외모나 두뇌, 성격 등에서 어떤 누구와도 같지 않은 유일한 존재다. 오늘 나의 모습은 우주 역사 137억 년 중 단 한 번뿐이다.

고리타분한 얘기로 들릴 수 있다. 통상적으로 건강한 남성이 배출하는 정액엔 2억~3억 마리의 정자가 들어 있다. 그 정자들에게 최종 목적지인 난자로 가는 길은 더없이 고달프고 험난하다. 고비를 못 넘기거나 잘못된 길로 들어선 정자들은 가차 없이 죽음과 대면한다.

천신만고 끝에 난자 주변에 이르는 정자는 불과 50~60마리 정도다. 이들 중 난자와 결합할 수 있는 건 오직 한 마리다. 3억 명이란 어마어마한 경쟁자를 모두 물리친 절대 강자가 바로 '나'다. 아무도 당신이 최고란 사실을 부정할 수 없다. 나 자신 빼고는. 태어나는 순간 난 이미 엄청난 선택을 받은 거다.

그런 고귀한 인간이지만 우리 삶은 딱 한 번에다 유한(有限)하다. 절대 잊지 마라, 이 세상에서 나보다 존귀한 존재 따윈 없다는 것을. 그래도 믿지 못하겠다면, 내가 없는 우주나 지구에 뭘 그리 심오한 의미가 있을지 고민해보라.

이쯤 했으면 당신이 세상에 존재하는 까닭을 단순·명쾌하게 설명할 수 있어야 한다. "세상 사람의 얼굴이 모두 다른 이유는 신이

세상에 필요한 역량을 한 사람씩 나눠줬기 때문이다"고 믿는 유대
인처럼. 그래서 가끔은 생각지도 못한 누군가가 엄청난 일을 해내
곤 한다.

자신의 존재 이유를 충분히 꿰뚫었다면, 삶의 모든 장면에서 나만의 개
성을 한껏 표출해야 옳다. 늘 'Yes'만 외쳐댔다간 상대의 말을 경청하기는
커녕 기계적으로 고개만 끄덕이는 단세포 인간으로 오해받을 수 있다. 그
건 자신에 대한 중범죄다.

다른 이들과 같아지려고만 한다면 당신은 열등생이지만, 다르게 생각
하려고 한다면 당신은 늘 우등생이다. 내 입으로 나만의 목소리를 거침없
이 낼 수 있어야 한다. 누가 감히 우주의 유일한 존재인 나와 내 목소리를
거부할 수 있단 말인가!

실천4. 카르페 디엠(Carpe diem)

두 번은 없다. 반복되는 하루는 단 한 번도 없다. 그러므로 너는 아름답다.　　　　　　　　　　　　　　　　　　-광화문 교보문고 옥외 글판

　세상엔 명작이라 불리는 영화가 많다.

　그러나 책이나 신문, 잡지, SNS 등에 시대를 넘어 수시로 회자되고 있는 영화는 많지 않다. 개봉된 지 거의 25년이 훌쩍 넘은 오늘날에도 영화 속 주옥같은 대사로 폐부를 찌르는 영화가 있다.

　지난 1989년 국내에 개봉된 영화 〈죽은 시인의 사회(Dead Poets Society)〉가 주인공이다. 회자되는 배경엔 그 나름의 이유가 있을 터.

　눈치챘겠지만, 영화 속 주인공 키팅 선생님(로빈 윌리엄스 분)이 던지는 주옥같은 대사가 우리를 사로잡기 때문이다. 어쩌면 21세기 대한민국의 학교 교육을 너무도 리얼하게 비추는 스토리 때문일 수도 있다.

　영화의 무대는 1959년 미국 동북부 버몬트 주 소재의 기숙학교(웰튼 아카데미)다. 이 학교에서 배우면 의사, 변호사, 은행가 등 이른바 잘나가는 사회 주류로서의 삶을 10대 중반에 예약할 수 있다고 할 만큼 초 엘리트 학교다.

　하지만 학생들은 전통과 규율, 명예, 미덕을 중시하는 학교의 원칙과 부모님의 기대감에 짓눌려 자유를 박탈당한 채 오로지 명문대를 목표로 다

람쥐 챗바퀴 같은 일상을 보낸다. 학창 시절의 소소한 일상에서 오는 즐거움이나 낭만 따위는 꿈도 꿀 수 없는 보수적 학교였다.

어느 날 학교에 키팅 선생님이 영어 교사로 부임한다. 졸업생이기도 한 그는 학교 규율과 학습 방침은 물론 부모와 학교가 바라는 대로 명문대에 진학하기 위해 공붓벌레가 돼버린 학생들을 그 누구보다 안타까워한다.

그는 학생들에게 수많은 지식을 심어주고 규칙을 따르도록 하는 '선생님'이란 역할과 관념을 무참히 깨트리면서 학생들의 삶에 무수한 영감을 심어준다. 그에게 자극받은 학생들도 조금씩 바뀌어간다.

학생 지도 방식은 파격적이다. 학생들과의 첫 만남을 이렇게 시작한다. 학생들을 교실 밖으로 데리고 나온 키팅 선생님은 오래전 졸업생 사진을 보여주며 말한다.

선배들의 얼굴을 잘 봐라. 너희들과 별반 다르지 않다. 야심으로 가득 찬 그들은 인생에 소극적이거나 하면서 시간을 낭비한 일은 없었다. 그럼에도 그들은 이미 세상에 없단다. (중략) 하지만 여러분들이 잘 들어보면 그들의 속삭임이 들릴 것이다. 현재에 충실해라. 남과 다른 너만의 인생을 살아라!

학생들에게 그렇게 역설하며 참다운 자기만의 삶을 살라고 강조한다.

특히, 키팅 선생님이 학생들에게 수시로 던지는 '카르페 디엠'은 전통과 규율에 도전하는 학생들의 자유의지를 상징하는 말로 사용되고 있다. 이 라틴어의 의미는 '지금 살고 있는 현재 이 순간에 충실하라'는 것이다.

또 타인의 걸음걸이에 맞춰 걸으려는 학생들에게 키팅 선생님은 이런 말을 건넨다.

우린 모두 타인과 동조해 가길 원하지. 하지만 너희들의 신념이 고유하고 자신의 것이란 걸 믿어야 한다. 비록 다른 사람들이 그걸 이상하다거나 탐탁지 않아 하더라도, 또 그게 '나쁜 것'이라고 할지 언정 말이다. 로버트 프로스트는 "숲 속엔 두 개의 길이 나 있었지. 나는 사람들이 가지 않은 길을 택했지. 결국 그게 모든 걸 바꾸었다" 라고 말했다. 이제, 난 너희들이 자신다운 길을 발견하길 바란다. 네 자신만의 걸음걸이, 속도, 방향, 생각대로. 그것이 자랑스러운 것이 든, 어리석은 것이든, 무엇이든 간에.

이런 키팅 선생님의 파격적인 지도에 학생들은 처음엔 당황하지만 점차 자극을 받아 남다른 생각을 떠올리고, 규율이나 부모의 기대에 얽매이지 않은 자유로운 삶의 방식에 눈을 떠간다.

자신을 공부하는 기계쯤으로 취급하는 학교에 불만을 가졌던 학생들이 나만의 걸음으로 내가 바라는 미래를 가고 싶다고 느끼기 시작한다. 모두가 가진 꿈이 다른데 천편일률적인 미래만 강요하는 학교에서 소년들은 비로소 자신의 진정한 꿈을 찾아 나선다.

미국 교육학자 레오 버스카글리아는 저서《살며 사랑하며 배우며》에서 말한다.

우리가 숨을 거두고 천당에 가서 조물주를 만나면, 조물주는 우리에게 왜 구세주가 되지 못했느냐고 묻지 않을 것이다. 왜 이런저런 병의 치료약을 발명하지 못했느냐고도 묻지 않을 것이다. 그 소중한 순간에 우리에게 던져질 질문은 단 한 가지. '왜 너는 너 자신으로 살지 못했는가?' 하는 물음일 것이다.

영화 〈죽은 시인의 사회〉의 한 장면.

교육의 본질은, 지식을 일방적으로 주입하는 것이 아니라 독창성을 발견할 수 있도록 돕고, 그것을 계발할 수 있도록 가르치고, 그것을 나누어 줄 수 있는 방법을 친절히 가르치는 일이라고 그는 정의한다.

잊지 마라, 5,000만의 사람에겐 5,000만 가지의 고유한 생각이 있다는 것을. 그걸 인정하는 사회와 그렇지 못한 사회와의 사이엔 비교할 수 없을 만큼의 다양성과 창의력의 차이가 존재한다.

실천5. 자기 삶에 흔적 남기기

누구도 외딴섬은 아니다. 모든 사람은 대륙의 일부다. 만약 흙덩이 한 조각이 파도에 씻겨나가면, 그건 유럽의 한 곳(串)이 썰려나간 것처럼 중대한 일이다.   -존 던(영국 시인)

'우주제일서(宇宙第一書)!'

에도시대 유학자이자 사상가였던 이토 진사이(伊藤仁齊)는 공자의《논어》를 가리켜 그렇게 격찬했다. 이런《논어》는 2,500년이라는 시공을 초월해 오늘날 지구상에서 성경 다음으로 많이 팔리는 스테디셀러다.《논어》의 〈자로(子路)〉 편엔 이런 글이 등장한다.

군자화이부동, 소인동이불화(君子和而不同, 小人同而不和)

이 말은, 군자는 화합하고 조화롭게 어울리지만 개성을 무시하면서까지 모든 견해에 '같게 되기'를 요구하지 않고, 소인배들은 개성을 버려가면서까지 '같게 되기'를 요구하지만 화합하고 조화롭게 어울리지 못한다는 것이다.

즉, 군자는 의견이 달라도 상대의 차이점을 인정하고 화합을 통해 목적을 추구하지만, 소인배는 유니폼을 걸친 것처럼 쉽게 동조하면서도 자기와 다른 차이점을 가진 사람은 아예 무시해버린다는 뜻이다.

〈자한(子罕)〉편에도 이와 유사와 대목이 나온다.

가여공학, 미가여적도(可與共學, 未可與適道)

가여적도, 미가여립(可與適道, 未可與立)

가여립, 미가여권(可與立, 未可與權)

그 말은 '같이 배운다 하더라도 반드시 같은 길을 걸어야 하는 건 아니고, 같은 길을 걷더라도 반드시 같은 원칙을 세워야 하는 건 아니며, 같은 원칙을 세우더라도 반드시 시비를 함께 가려야 하는 건 아니다'는 뜻이다.

같은 대학, 동일한 전공을 했다 하더라도 모두 진로가 같을 순 없다. 대학원 진학이란 선택도 있을 테고, 취업이나 창업의 길도 열려 있다. 또 설령 진로가 같다고 해도 몸담을 직장까지 같을 순 없다. 공교롭게도 직장이 같다고 해도 성과나 관점이 같을 순 없는 법이다.

그처럼 사람 생김새나 성향, 생각 등이 모두 다르듯, 자신이 가진 강점과 약점 또한 서로 다르므로 타인과 비교해 부러워하거나 시기하며 애써 맞추려 해선 안 된다. 삶에서 상대 평가만큼 무의미한 것도 없다.

결국 공자가 하고 싶은 얘기는, 천편일률적 사고는 좋은 결과를 낳기 힘드니, 서로의 차이를 존중하고 나와 다른 사람을 적극 포용하라는 말이다. 더불어 내가 내 삶의 주체로 살기 위해선 타인의 평가에 민감하지 말아야 한다는 경종이기도 하다. 특별하지 않은 삶이란 없으니 말이다.

공자만 다양한 생각의 소중함을 역설한 게 아니다. 노자(老子)도 마찬가지였다.

천하개지미지위미, 사악이(天下皆知美之爲美, 斯惡已)
개지선지위선, 사불선이(皆知善之爲善, 斯不善已)

풀이하면, 세상 사람들이 모두 아름답다고 하는 걸 아름다운 것으로 안다면 이는 추하고, 세상 사람들이 모두 좋다고 하는 걸 좋은 것으로 안다면 이는 좋지 않다는 것이다. 구성원이 가진 개성들이 서로 부딪히고 어우러질 때 세상은 더욱 지혜롭고 평화로워진다는 뜻이 아니겠는가!

우리 사회는 여전히 동조해 얻는 이익이 동조하지 않을 때보다 훨씬 크다. 획일적이고 경직화한 칙칙한 분위기에 둘러싸여 윗사람 눈치나 보는 두뇌에게 창의력 계발을 운운하는 건 나무 위에서 물고기 찾는 격이다.

짧은 건 이어주고, 긴 건 끊어주고, 좁은 건 넓혀주고, 잘못된 건 바로잡으면서 자기 의견을 똑 부러지게 제시하면 안 되는가? 당신은 다양한 곳에서 누군가의 송곳이었다는 말을 꼭 듣자.

우리에겐 그리 시간이 많지 않다.
그러므로 다른 사람의 인생을 살아주느라 시간을 허비하지 말라.
헛된 교리에 빠지지 말라.
그것은 남들이 생각해낸 결과대로 살아가는 바보짓이다.
시끄러운 타인의 의견에 귀 기울이느라 우리 내부의 목소리를 듣지 못해서는 안 된다.   -스티브 잡스

새겨라. 살아간다는 건 진한 흔적을 남기는 일이다. 사람 머릿수만큼이나 다른 관점이 존재한다는 인식이야말로 다양성의 출발점이요 창의력의 초석이다.

당신 삶을 남이 희화(戱畫)화하도록 내버려둬선 안 된다. 그건 자신에 대한 고문이다. 주인과 손님을 구별하지 못하면 삶은 고달파진다. 당신은 자신 삶의 주인이다. 손님의 기대에 맞추지 말라. 주인 생각대로 살지 않으면 조만간 손님 생각대로 살게 된다.

동조 및 동조 압력 극복하기

Action1. 천상천하유아독존

Action2. 대중과 반대로 걸어보기

Action3. 자신의 존재 이유 깨닫기

Action4. 카르페 디엠(Carpe diem)

Action5. 자기 삶에 흔적 남기기

세상은
확률과 실제 사이에
큰 괴리가 있음을
기적을 통해 보여준다.

다리가 2개뿐인 길쭉한 몸통의 나쁜 돼지

'가늘고 긴 비정상적으로 생긴 교활한 개!'

어떤 이는 개의 관점에서 인간은 이와 같을 거라고 했다. 이번엔 관점을 인간이 보는 개로 바꾸면 어떻게 될까?

'지구상에서 가장 사랑받는 애완동물', '주인의 말을 가장 잘 따르는 네 발의 똑똑한 동물' 뭐 이런 것들이 나올 법하다.

엄마 얼굴이 환해진 까닭?

공부 안 하고 맨날 게임만 한다고 꾸지람 듣던 아이가 엄마에게 제안을 했다.

"게임하고 나서 공부할게요."

곧바로 엄마 입에선 '따따따~' 하고 따발총이 쏟아졌다.

아이는 충분히 예상했다는 듯 침묵했다. 잠시 뒤 아이는 엄마에게 또 다른 제안을 한다.

"공부하고 나서 게임할게요."

찡그려졌던 엄마 얼굴이 이내 환한 미소로 바뀌었다.

유쾌한 농담 하나다.

애연가인 기독교 신자가 있었다. 그는 기도할 때조차 담배가 피우고 싶어 안달이었다. 그러다 목사에게 조용히 질문을 던졌다.

"기도할 때 담배 피워도 됩니까?"

"절대 안 됩니다."

그러자 잠시 뒤, 질문을 바꿔 다시 물었다.

"담배 피울 때 기도해도 됩니까?"

"그야 물론이지요."

신자는 관점을 바꾼 질문을 던져 자신이 원하는 대답을 이끌어낼 수 있었다.

어느 탁구 경기에 100명의 선수가 참가했다. 경기는 시간 관계상 리그전이 아닌 토너먼트 방식으로 진행하기로 했다. 이 경우 최종 우승자를 가리기 위한 경기 수의 합계는 몇 번일까?

토너먼트 방식으로 진행할 때 경기 수를 산출하는 공식은 'n-1'이다. n은 참가 인원수로, 그 인원수보다 정확히 1이 적은 수만큼의 경기 수가 필요하다. 물론 이런 공식을 알고 있다면 복잡하게 생각할 것도 없이 단숨에 산출할 수 있다. 참고로 리그전의 경기 수는 'n(n-1)/2'이다.

하지만 그런 지식이 없는 참가자나 일반 청중이라면 모든 경기 수를 파악하는 데 제법 머리를 굴려야 한다.

평소 해오던 대로 생각하게 되면, 100명을 두 팀으로 나눠 상대를 정한 다음 경기를 하고, 이긴 사람들을 두 팀으로 다시 나눠 또 경기를 벌이고…. 이를 반복해 최종 우승자가 나오기까지를 산술적으로 계산할 수 있다. 물론 약간의 시간과 성가심을 인내할 수 있다면 말이다.

이번엔 관점을 경기에 이긴 사람에서 진 사람으로 전환시켜 보자. 잘 알다시피, 토너먼트 방식에선 어떤 선수든 지 두 번 질 수가 없다. 단 한 번이라도 지는 순간 탈락이 확정되기 때문이다. 100명 참가 선수 가운데 99명은 딱 한 번만 지게 돼 합계 99번의 경기가 필요하다. 한 번도 패하지 않은 사람이 영광의 우승자다.

초등학교 3학년 수학 시간. 학생들이 너무 시끄럽게 떠들자 선생님은 학생들에게 문제 겸 페널티 하나를 주었다.

"1부터 100까지 더한 값을 찾아라. 정답을 맞힌 학생만 집에 갈 수 있다."

'우~' 하는 학생들의 비명과 책상 두드리는 소리가 교실에 울렸다. 그런 소란함이 채 가라앉기도 전에 한 학생이 손을 번쩍 들어올렸다.

"선생님, 정답 알았어요."

"벌써? 뭔데?"

"5050요."

"어떻게 그런 값이 나왔니?"

"1과 맨 끝의 100을 더하면 101, 2와 99의 합도 101, 3과 98의 합도 101, 이렇게 101이 되는 쌍이 50개가 있으니 101 × 50은 5050이지요."

이 학생이 바로 "수학은 인류 역사상 인간이 발견한 가장 아름다운 예술"이라고 한 19세기 최고의 수학자 가우스(Gauss)다. 그는 이미 10살 때 수열의 대칭성을 꿰고 있었다.

가우스의 문제 해법은 언뜻 대단히 논리적이고 체계적인 사고를 통해 나온 것처럼 비친다. 그러나 이 문제 풀이 과정을 보면, 그는 어릴 적부터 사물을 대하는 관점이 매우 달랐음을 확인할 수 있다.

다른 학생들처럼 '1 + 2 + 3 + … + 98 + 99 + 100 = ?'이라는 방식으로 문제 풀이를 시도한 게 아니라, 가우스는 관점을 바꿔 1부터 100까지의 모든 수는 하나씩 커지고 있다는 규칙성과 수열의 대칭성을 먼저 읽고서 문제를 풀었다. 이처럼 그는 주어진 문제를 전혀 다른 관점에서 접근하고 그 해결을 시도하는 꽤나 창의적인 소년이었다.

관점을 바꾼다는 의미

어느 날 장자(莊子)와 혜자(惠子)가 강의 다리 위를 걷고 있었다.

장자가 말했다. "피라미가 즐겁게 헤엄치니, 저게 물고기의 진정한 즐거움이겠지."

혜자가 물었다. "자네는 물고기가 아니거늘, 어찌 물고기의 즐거움을 아는가?"

장자가 답했다. "자네는 내가 아니거늘, 어찌 내가 물고기의 즐거움을 모른다는 걸 아는가?"

스티븐 코비(Steven Covey)의 저서 《성공하는 사람들의 7가지 습관》에 등장하는 일화다. 코비 자신이 뉴욕의 지하철을 타고 가다가 직접 경험한 내용이다.

한 사내와 그의 아이들이 지하철을 탔다. 아이들이 소란을 피우고 제멋대로 굴자 분위기가 금세 바뀌었다. 내 옆에 앉은 사내는 눈을 감은 채 상황을 파악하지 못한 분위기였다. 아이들은 고함을 지르면서 이리저리 날뛰고 물건을 집어 던졌고 심지어 사람들이 보던 신문을 낚아채기도 했다. 보통 심란한 아이들이 아니었다.

그런데도 내 옆에 앉은 사내는 아무런 조치도 하지 않았다. 짜증을 억누르기 힘들었다. 결국 난 사내를 보며 말했다.

"이보시오, 당신 아이들이 많은 사람들에게 피해를 주고 있잖소. 근데 당신은 어떻게 애들을 조금도 말리지 않는 겁니까?"

남자는 고개를 들더니 조용히 말했다.

"아, 그렇군요. 어떻게든 손을 써야겠네요. 우리는 방금 병원에서 오는 길인데, 애들 엄마가 한 시간 전에 눈을 감았답니다. 전 지금 머릿속이 멍하고, 아이들도 이 상황을 어떻게 이겨내야 할지 모르는 것 같습니다."

나는 갑자기 상황이 달리 보였고 상황이 달리 보이자 생각이 바뀌면서 감정과 행동도 변했다. 짜증이 사라졌다. 순식간에 모든 상황이 바뀌었다.

사내의 말을 듣는 순간 코비에게 그 사내와 아이들이 전혀 다른 사람으로 보이기 시작했다. 조금 전까진 교양이라곤 손곱만큼도 없는 사내라고 생각했으나 이제 그는 아내 죽음에 깊은 상처를 받아 혼란스러워하는 남편으로 보였다. 또 버릇이라곤 눈곱만큼도 없어 보였던 아이들이 이젠 엄마를 잃고도 내색도 못하는 불쌍한 아이들로 보이기 시작했다.

과거의 지식과 경험이 만든 필터를 통해 세상을 바라보게 되면, 과거가 당신의 현재와 미래를 지배하고 결정하도록 허락하는 것과 다를 바 없다.

거기서 당장 툭툭 털고 일어서라!

이 한마디는 꼭 던지고 싶다. 당신이 뭘 생각하고 꿈꾸든, 늘 관점을 바꿔보고 그 이면도 함께 생각해보라! 왜냐고? 인간은 늘 주관적이다. 항상 눈에 드러나는 겉모습만을 가지고 판단하고 그에 함몰되는 경향이 강해서다.

그 너머엔 뭐가 숨어 있을지 아무도 모른다. 우리가 알고 있던 진실이 모두 거짓으로 밝혀질 수도 있다. 깜짝 놀랄 실로 다양하고 창의적인 아이디어를 수중에 넣는 행운의 시간이 될지 누가 알겠는가!

"자네는 내가 아니거늘,
어찌 내가 물고기의 즐거움을
모른다는 걸 아는가?"

양끝을 묶어야 하는데, 가능할까?

기능적 고착이란 타성과 획일성

> 우리는 후퇴하고 있지 않다. 우리는 다른 방향으로 진격하고 있다.
>
> 더글러스 맥아더

조금 전 세탁한 속옷과 양말을 빨랫줄에 내다 걸어야 한다. 그때 돌연 밖에 주룩주룩 비가 내리기 시작했다. 어쩔 수 없이 실내에다 빨래를 말려야 할 상황이다.

다행히도 실내 천장에는 밧줄 두 개가 매달려 있다. 늘어진 두 밧줄 끝을 함께 묶어 빨랫줄을 만들 작정이다.

유감스럽게도, 두 밧줄 사이의 간격은 한 사람이 양팔을 벌려 동시에 잡을 수 없는 거리다. 또 두 밧줄은 사람이 매달려도 될 만큼의 무게까지 지탱하진 못한다. 밧줄 끝 묶기에 활용할 수 있는 도구는 실내에 놓인 의자와 가위, 쇳덩이, 물병이 전부다.

자, 어떻게 하면 밧줄 양끝을 묶어 빨랫줄을 만들 수 있을까? 마침내 당신의 사고력이 대단한 시험대 위에 올랐다.

여지를 둔다는 심오한 의미

'스마트폰이다. vs. 스마트폰일 수도 있다.'

두 문장의 차이점을 설명할 수 있을까? 듣는 순간 솔직히 어떤 느낌이었나?

호텔 객실 청소원 실험을 통해 '생각을 바꾸면 인생이 바뀐다'는 사실을 증명한 하버드대 심리학자 앨런 랭어(Ellen Langer) 교수. 그는 정답을 찾는 교육이 아이들에게 어떤 영향을 미치는지 오랫동안 연구해오다 흥미로운 실험 하나를 고안했다.

실험 요지는 앞서 언급한 EBS 프램그램인 〈다큐프라임〉의 '서울대 A+의 조건'에 자세히 소개됐다. 실험에 참가한 마케팅 동아리 대학생 24명에게 '소비자 행동 조사'를 한다는 실험 취지를 설명한다.

먼저, 펜과 텀블러, 강아지 장난감과 카메라 부품 등 네 가지 물건을 준비한 뒤 그것들을 피실험자들에게 보여준다. 그러고선 그들을 무작위로 12명씩 두 그룹으로 나눈다.

1그룹의 학생들에겐 "A는 펜이다. B는 텀블러다. C는 강아지 장난감이다. D는 카메라 부품이다" 하는 식의 단정적 설명(This is an X)을 했다.

반면에 2그룹의 학생들에겐 "A는 펜일 수도 있다. B는 텀블러일 수도 있다. C는 강아지 장난감일 수도 있다. D는 카메라 부품일 수도 있다"라는 식으로 생각의 여지를 둔 설명(This could be an X)을 했다.

그런 다음 연필을 나눠주고 물건 가격이 낮은 순서대로 쓰라고 했다. 질문지 작성을 끝냈을 즈음, 느닷없이 실험자는 말을 바꾼다. 물건 가격이 높은 순서대로 써야 한다고 수정해 제시한다. 이때 이미 질문지 칸을 모두 채운 학생들은 난감해한다.

사실 이 실험의 취지는 이랬다. 뭔가 지울 게 없을까 하는 상황을 의도적으로 연출한다. 이때 과연 누가 강아지 장난감(dog's chew toy), 즉 말랑말랑한 고무로 된 장난감을 지우개로 사용하는지 알아보는 실험이었다.

지극히 단순한 실험이었음에도 그 결과는 놀라웠다.

"A는 펜일 수도 있다. B는 텀블러일 수도 있다. C는 강아지 장난감일 수도 있다. D는 카메라 부품일 수도 있다"라는 식으로 여지를 두고 설명을 한 2그룹에선 12명 가운데 그 절반에 해당하는 6명이 강아지 장난감을 지우개로 사용해 질문지 칸을 다시 수정했다.

그런 반면에 "A는 펜이다. B는 텀블러다. C는 강아지 장난감이다. D는 카메라 부품이다"라는 식의 단정적 설명을 한 1그룹에선 12명 가운데 단 1명만이 강아지 장난감을 지우개로 사용해 질문지 칸을 고쳤다.

어째서 이런 결과의 차이가 나왔을까?

"C는 강아지 장난감이다"라는 식으로 해당 물건에 대해 그 정의를 명확히 단정한 경우, 피실험자들은 그 용도로밖에 생각하지 못했다. 지우개로 사용할 수 있다는 것을 전혀 떠올리지 못한 거다.

이 실험은 하나의 정답을 미리 정해놓으면, 더 이상 자신의 생각을 확장시키기 어렵다는 걸 적나라하게 보여줬다. 즉, 절대적인 정답 하나만을 알고 있으면, 사람들은 그 이상을 찾으려 하지 않아 또 다른 형태(방식)로 생각이 뻗어나갈 여백이 없음을 입증한다. 이게 바로 '정답의 역설'이다.

세상에서 제일 무서운 사람은 '책 한 권만 읽은 사람'이라고 하는데, 그 까닭이 더욱 명약관화(明若觀火)해진다. 이에 더해 그 한 권이 자신의 자서전이라면 그건 최악이다.

규정된 다양성은 다양성이 아니다!

도가도(道可道), 비상도(非常道)
명가명(名可名), 비상명(非常名)

《도덕경》제1장, 첫 구절은 이렇게 시작된다. 그 의미인즉슨, 말로 나타낼 수 있는 도(정의 내릴 수 있는 도)는 영구불변의 도(진정한 도)가 아니며, 부를 수 있는 이름(정의 내릴 수 있는 이름)은 영구불변의 이름(진정한 명칭)이 아니라는 뜻이다.

무려 2,500년 전 노자(老子)가《도덕경》첫 구절에 설파한 개념이긴 하나 이만큼 다양성의 가치를 잘 설명하는 것도 없다.

어떤 사물을 보고 그 개념이나 정의를 'ㅇㅇ이다'라는 식으로 규정해버리면 그 의미에 갇히거나 얽매여 사물이 가진 본연의 가치나 역할, 진실들을 모두 담지 못할 수 있다.

가령, 인륜지대사(人倫之大事)라 불릴 만큼 엄청난 무게를 지닌 '결혼'. 그 정의를 '여성의 노동력이 남편에 의해 착취되는 노동계약'이라고 딱 잘라 규정해버린다면, 더는 결혼을 두고서 갑론을박을 벌이긴 힘들어진다.

경영학자가 정의하는 결혼이 다르고, 사회학자가 정의하는 결혼이 다르듯이 법률학자, 심리학자, 수학자, 철학자 등 역시 자신의 전문 분야에 기초한 정의를 내릴 게 뻔하다.

일반인의 정의 또한 마찬가지다. 결혼을 가리켜, '롤러코스트', '모 아니면 도', '밤 11시에 먹는 치맥(먹으면 살찌고 안 먹으면 허전하다)', '2인 3각 경기', '부부 싸움하고 집 박차고 나와 장 보고 들어가는 것' 등이 될 수도 있다.

이 때문에 어떤 대상을 보편적 언어로 규정짓거나 개념화하거나 정의를 내리지 않을 때 비로소 다양한 관점을 가지고서 더욱 본질에 접근할 수 있다는 뜻이 아니겠는가.

이를 창의력에 대입해 설명하면 이렇게 된다.

창가창(創可創), 비상창(非常創)

즉, 어떤 사실(창의력)을 보편적 언어로 규정지으면, 추상화돼 다양한 사실(창의력의 정체성)들이 모두 무의미해지고 퇴색될 수 있다는 말이다. 규정된 언어 범주에 우리 생각이 얽매이고 구속당하면서 피상적 내용만을 표출할 수 있다.

노자가 오늘날 살아 있다면, '창의력'이란 어떤 것인지 정의하거나 언급하지 않았을 것이다. 대신에 노자는 아마도 잘 모르겠다고 답했을 수 있다. "당신이 알아서 생각하시오" 하면서 미소만 보일지도 모른다.

그러면서도 이런 부언은 잊지 않았을 것이다.

"왜 창의력에 관한 개념을 규정한 다음 그걸 계발하려고 그러느

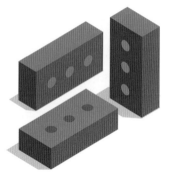

냐. 그냥 창의력을 온몸으로 느껴라. 그게 바로 창의력이다."

여기 벽돌 한 장이 있다. 이걸 보고 "이건 벽돌이다"라고 확정적으로 말해버리면 영원히 그건 벽돌 이상도 이하도 아닌 한 장의 벽돌로 끝나버린다.

하지만 "이건 벽돌일 수도 있다"는 식으로 가능성을 남겨두게 되면 그 용도는 거의 무한에 가까워진다.

벽돌 한 장의 용도를 물어보면, 대개 '차량의 고임돌'로 쓰거나 '물 절약용'으로 좌변기 뒤쪽 물통에 벽돌 한 장을 넣어두겠다는 답변이 가장 두드러진다.

그 외에도 각종 받침대나 디딤돌을 시작으로 운동 기구(아령 대용), 못 박기(망치 대용), 의자, 베개, 호두 까기, 문 받침돌(고정), 책꽂이, 길이 파인 곳 채우기, 서류나 항아리 뚜껑 고정하기, 각질 제거하기, 갈아 공기 만들기(공기놀이), 현관 우산 받침대(물 흡수), 휘어진 못 펴기, 도둑 잡기, 숫돌(칼 갈기), 조각품, 격파하기 등이 나온다.

앞서 언급한 EBS 프로그램은 우리 학생들 머리에 각인된 '정답'의 의미가, '올바른 답'을 얘기하는 게 아니라, 주입식 교육을 통해 사전에 딱 한 가지 '정해놓은 답'이라는 사실을 비틀어 꼬집고 있다.

자기 생각은 모두 접어둔 채 화자(話者) 혹은 저자 생각, 출제자 의도와 어긋난 답은 모조리 틀린 답이라고 배우며, 자기만의 생각을 최대한 감추고 덜 표출하는 방법을 학생들은 무의식중에 체득하고 있었다. 참으로 난감하고 안타까운 일이 아닐 수 없다.

고리 2개는 이어질 수 있을까?

앞서 제시한 두 밧줄의 끝을 묶는 문제는 미시건 대학의 심리학자 레이먼드 마이어(Raymond Frederick Maier, 1931) 교수가 고안한 실험이다.

상황을 다시 한 번 정리해보자. 천장엔 두 개의 밧줄이 매달려 있다. '늘어진 두 밧줄의 끝을 서로 묶어라'는 게 부여된 과제다.

아쉽게도 두 밧줄 사이의 간격은 피실험자가 양팔을 벌려 동시에 잡을 수 없는 거리다. 그러다 보니 쉽사리 두 밧줄의 양끝을 잡아 묶을 수 없는 상황이다. 실내엔 의자와 가위, 쇳덩이, 물병이 각각 하나씩 놓여 있다.

이런 상황에서 당신은 어떤 방법으로 두 밧줄 끝을 잡아 서로 묶을 수 있을까? 금방 떠올릴 수 있는 방법은 대개 이런 것들이다.

- 두 팔을 최대한 벌리거나 몸을 비트는 등 신체를 최대한 유연하고 탄력적으로 만들어 문제 해결을 시도한다. 근데 이게 마음대로 잘 안 된다.

- 의자를 한 손으로 들어 다른 쪽 밧줄을 어떡하든 끌어오려 한다. 이것 역시 불가능하다.
- 어느 한쪽의 밧줄 끝을 잡은 다음, 맞은편 밧줄 쪽으로 최대한 이동한다. 그런 다음 의자를 그 위치에 놓고 올라서서 맞은편 밧줄 끝을 잡으려 시도한다. 다소 거리가 좁혀지긴 했으나 이 또한 어렵다.
- 급기야 타잔처럼 줄타기하려 매달리지만 밧줄이 당신의 무게를 이기지 못하고 뚝 끊어진다.

어쩜담, 오늘 중으로 속옷을 말리긴 글렀다. 시간이 흐를수록 실내엔 시큼하고 퀴퀴한 냄새가 코를 찌른다.

알고 보면 그 해결책은 지극히 단순하다. 가위를 어느 쪽의 밧줄이건 끝부분에 묶어서 그 밧줄이 추처럼 좌우로 왔다갔다 움직이게 한 다음, 또 다른 밧줄을 잡은 상태에서 두 밧줄의 중간 지점으로 와 있다가 가위가 매달린 밧줄이 가까이 왔을 때 이를 잡아채 양끝을 묶으면 빨랫줄은 곧바로 완성된다.

마이어에 따르면, 피실험자 가운데 39%만이 10분 안에 이 문제를 풀었다고 한다. 이를 까다롭게 여긴 이유는, 가위는 뭔가를 자르는 도구만이 아니라 얼마든지 추로 활용할 수 있다는 사실을 떠올리지 못한 게 원인이었다. 비단 가위만이 아니라 물병이나 첫덩이 등도 추로 활용할 수 있어야 한다.

이런 현상을 '기능적 고착(functional fixedness)'이라고 부른다. 인간은 태어나면서 경험을 통해 다양한 지식을 쌓아간다. 그 한편으론 자신의 경험과 습관, 사회적 합의 등이 뒤엉키면서 딱딱하게 머리가 굳어간다. 그러는 동안 색다른 생각이나 아이디어를 떠올리기가 점점 버거워진다.

창의력의 대가 조이 길포드(Joy P. Guilford) 박사는 높은 창의력을 발휘하기 위해 제거해야 할 요인엔 다섯 가지가 있는데, 그 첫째가 바로 '기능적 고착'이라고 했다. 기능적 고착을 벗어나지 못한 삶은 평생 소화되지 않는 음식을 꾸역꾸역 먹는 것과 같다.

평생 소화되지 않는 음식

너무도 유명한 실험이다. 다시 한 번 음미해보자.

심리학자 칼 던커(Karl Dunker, 1945)가 고안한 촛불 문제(candle problem)가 그것이다. 제시된 문제는 간단하다.

벽과 맞닿은 테이블 위엔 '양초와 성냥, 압정이 담긴 상자'가 놓여 있다. 이것들을 활용해 촛불을 벽에 붙여보라. 단, 촛농이 테이블 위에 떨어지면 안 된다.

피실험자 대부분은 녹인 촛농을 사용해 양초를 벽에 붙이려 했다. 아이디어는 좋으나 생각대로 양초가 벽에 잘 붙질 않았다. 심지어는 압정으로 양초를 벽에 어떻게든 붙이려는 사람도 있었다. 결과적으로 많은 피실험자는 이 문제를 짧은 시간 안에 풀지 못했다.

5분, 10분이 흐르자 마침내 다음의 그림처럼 풀었지만, 적지 않은 시간이 소요되었다. 짧은 시간 안에 이 문제를 해결하지 못하는 건, 이 문제를 접하는 순간부터 압정이 담긴 상자는 그냥 압정을 보관하기 위한 것으로밖에 보이지 않은 탓이다. 즉 '기능적 고착'에서 한발도 나아가지 못한 게 원인이었다.

만약 압정 상자는, 압정은 물론 촛불이나 그 외의 것도 담을 수 있는 물건이란 점을 떠올렸다면 문제는 쉽게 해결될 수 있었다.

실제로 이 문제를 '양초, 성냥, 압정이 담긴 상자'의 세 가지가 아닌, 상자 안에 든 압정을 끄집어낸 다음 '양초, 성냥, 압정, 상자'의 네 가지로 재분류한다. 그런 다음 이 문제를 제시하면 대부분의 피실험자는 단숨에 문제를 해결했다. 기능적 고착을 유발하는 물건이 사라졌기 때문이다. 기능적 유연성(functional flexibility)의 소중함을 새삼 깨닫게 한다.

한편, 스탠퍼드 대학의 연구자 마이클 프랭크(Michael Frank, 2003)와 그 동료는 던커의 실험을 약간 바꿔 진행해보았다.

"탁자 위에 양초 하나, 압정 한 통, 성냥 한 갑이 있습니다" 하는 식으로 실험 안내문의 각 단어에 밑줄을 쳤다. 그랬더니 해법을 발견한 사람이 약 50%로 던커가 진행한 첫 실험의 두 배나 되었다. 각 요소(단어)를 강조했을 때 피실험자들이 주어진 걸 창의적으로 파악할 확률이 두 배나 더 높아졌다.

프린스턴 대학의 심리학 교수인 샘 그룩스버그(Sam Glucksberg, 1962)는 뉴욕 대학의 대학원생 시절 위의 촛불 문제를 활용해 이런 실험을 했다.

그는 피실험자들을 두 그룹으로 나누고선 이렇게 말했다.

• 그룹1 : 문제 해결에 걸리는 평균 시간을 알고자 한다.
• 그룹2 : 빨리 문제를 해결한(상위 25% 이내) 사람에겐 5달러를, 가장 먼저 해결한 사람에겐 20달러를 준다.

즉, 그룹1에겐 아무런 보상도 없이 문제를 풀도록 했고, 그룹2에겐 보상까지 내걸면서 문제를 풀도록 독려했다. 참고로, 실험이 이뤄진 1962년 당시라면 20달러는 적지 않은 금액이다.

두 그룹으로 나뉜 피실험자들의 결과는 어떻게 되었을까? 두 그룹이 각각 문제 해결에 걸린 시간은 이랬다.

- 그룹1 : 평균 7분
- 그룹2 : 평균 10.5분

놀라운 결과였다. 아무런 금전적 보수를 약속하지 않은 그룹1이 금전적 보상을 약속받은 그룹2보다 평균 3.5분이나 빨리 문제를 해결했다.

이 실험 결과는 창의적 과제(답이 명확하지 않고 문제 해결에 시행착오와 발상의 전환이 필요한 경우)엔 금전적 보상과 같은 외적 동기가 문제 해결에 오히려 방해가 될 수 있음을 일깨운다.

반대로 얘기해, 창의적인 일은 자발적으로 하고자 하는 내적 동기가 존재할 때 잠재력이 더욱 발휘될 수 있음이 입증됐다.

그룹스버그는 또 다른 촛불 실험도 진행했다.

앞의 상황과는 달리 상자 안에 든 압정을 끄집어내고서 '양초와 성냥, 압정, 상자'의 네 가지로 분류해 제시하면서 양초를 벽에 붙여보라고 했다.

조건은 앞과 같았다. 그룹1에겐 평균 시간을 측정한다고 했고, 그룹2에겐 금전적 보상을 한다고 했다.

결과는 어떻게 되었을까? 이번엔 정반대 결과가 나왔다. 금전적 보상, 즉 인센티브가 주어진 그룹2가 압도적으로 빠르게 문제를 해결했다.

어째서 이런 결과가 나왔을까? 상자에 압정이 들어 있지 않은 문제라면 누구건 간단히 해결할 수 있는 것이었기 때문이다.

이를 통해 알 수 있는 건, if-then식(만약 이렇게 한다면, 이걸 받을 수 있다)의 보상은 단순·명쾌한 작업이나 영역에선 대단한 위력을 발휘한다는 점이다. 즉, 피실험자가 특정 사고에만 몰두하면 시야가 좁아지고 눈앞의 목적지만을 향해 전력 질주하기에 대단히 효과적이다.

그런데 하나 물어보자. 지금 맡고 있는 당신의 과제(일)가 과연 이처럼 간단히 해결책에 이를 수 있는 건가? 추측거니와 그렇진 않다. 규칙은 애매하고 해결책에 이르는 길은 녹록치 않으며 몇 날 며칠이고 머리를 싸매야 하는 게 일상이다.

결국 우리가 맞닥뜨리고 있는 각종 과제들은 당근과 채찍 같은 보상(외적 동기)으로만 해결할 수 있는 게 아니다. 무엇보다 창의적이고 다양한 생각이 절실히 요구되는 과제들로 넘쳐난다는 사실이다. 안 그런가?

세상에서 제일 무서운 사람은
'책 한 권만 읽은 사람'이라고 하는데,
그 까닭이 더욱
명약관화(明若觀火)해진다.

어느 종교에
자비심이 가장 많을까?

기능적 고착에서 벗어날 5가지 노하우

만약 당신이 가진 도구가 망치뿐이라면, 당신은 모든 문제를 못으로 보려할 것이다.

에이브러햄 매슬로(미국 심리학자)

출처: http://imgur.com/kNCQe3t

세상의 갖은 종교가 다 등장한다.

이슬람교 신자(Muslim)를 시작으로 무신론자(Atheist), 힌두교 신자(Hindu), 유대교 신자(Jewish), 불교 신자(Buddhist), 이교도(Pagan), 기독교 신자(Christian) 등. 종교가 적힌 종이가 바닥에 붙어 있고, 그 앞엔 구걸 통(?)이 놓여 있다.

노숙자(걸인)는 묻는다.

"어느 종교가 노숙자를 가장 배려할까요?"

종교인들 간에 싸움이라도 붙일 셈인가! 구걸 통에 들어 있을 금액이 한껏 경쟁심을 부추긴다.

걸인은 우리 머리를 사정없이 내리친다. 걸인은 항시 누군가가 주는 대로 받아야만 하는 수동적 생각(기능적 고착)에서 벗어나, 되레 행인이 걸인에게 어필해야 하는 상황이 연출되기에 그렇다. 창의력으로 두뇌를 깔끔하게 치장한 걸인의 구걸 능력은 그 어느 때보다 빛난다.

실천1. 분할해 보편적 접근하기

어떻게 해야 지긋지긋한 기능적 고착에서 해방될 수 있을까?

그런 물음에 이제 답할 차례다. 심리학자 토니 맥카프리(Tony McCaffrey, 2012)의 연구는 그런 물음에 유용한 힌트를 제공한다.

여기 조금 무거운 철제 고리(ring) 두 개가 있다. 양초와 성냥, 그리고 철제 큐브(cube)가 각각 한 개씩 준비되어 있다. 이들을 이용해 두 개의 고리를 서로 연결시켜라. 다만, 양초를 녹이더라도 철제 고리 두 개를 연결시킬 정도의 충분한 접착력은 없다.

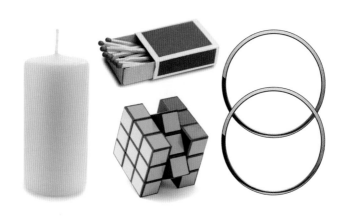

풀 수 있겠는가?

이미 문제에서 지적하고 있듯이 양초를 녹이면 두 개의 물건을 붙일 수도 있지만, 주어진 두 개의 철제 고리는 그 무게 때문에 양초만으론 연결하기 어렵다. 어느 한쪽 고리를 집어 드는 순간 다른 한쪽이 떨어지게 된다.

힌트를 하나 주자면, '기능적 고착'에서 우선 벗어나야 이 문제를 해결할 수 있다. 대체 어떤 부분과 영역에 대한 기능적 고착인가! 그것조차도 헤아리기 어렵다고?

그런 고민에 대해 맥카프리는 하나의 해법을 제시한다. 그러면서 자신이 고안한 'GPT(generic parts technique)' 기법(두 단계 과정)을 활용하면 문제 해결에 쉽게 다가설 수 있다고 주장한다.

단계1. 문제(대상)를 더 세부적으로 나눌 수 없을까?
단계2. 설명이 특정한 사용법을 의미하는가? 그렇다면 더 일반적 설명으로 바꿔 말하라.

이 두 물음을 정리하면 이렇다.

주어진 문제나 대상을 하나의 큰 덩어리로 보지 말고 잘게 나누고 분류한 다음, 그 분류된 요소에 관한 설명이 특정 용도를 내포하는 게 아닌, 새롭고 단순하며 일반적인 설명(서술)으로 바꿀 때 비로소 해결의 실마리를 포착할 수 있다.

그럼, 이 기법을 적용해 앞서 제시한 두 개의 고리를 연결하는 문제에 도전해보자.

고리 두 개를 연결시키기 위해 주어진 도구는 양초와 성냥 그리고 큐브가 전부다. 사실 성냥과 큐브는 일종의 바람잡이다. 이른바 문제를 혼란스럽고 엉뚱한 곳으로 몰아가기 위한 떡밥인 셈이다. 그렇다면 남는 건 양초

뿐이다.

이제 양초를 구성하는 요소를 분류한다. 그런 다음 각각의 요소(부품)에 '특정 사용법을 연상시키지 않는 이름'을 붙여보자.

'왁스(wax)와 심지(wick)'로 양초는 나눌 수 있다. 여기서 양초 '심지'를 특정 사용법이 아닌 일반적 설명으로 바꿔 부른다. 그냥 '끈(string)'으로 불러보자. '심지'라고 부르면 양초에 불을 붙이는 특정 용도로 그 사용법이 제한될 수 있어서다.

이처럼 심지가 '끈'이라는 단순하고 보편적인 설명으로 바꿔 불리는 순간 다양한 가능성의 문이 열린다. 일상에서 끈의 광범위한 용도를 떠올리면 금방 이해가 된다.

이제 남은 건 양초 중심에 박힌 끈(실)을 어떻게 활용해야 두 개의 고리를 연결시킬 수 있을지 고민하는 것이다. 양초의 실을 빼내 고리를 서로 묶으면 된다. 그게 이 문제의 해결책이자 정답이다. 너무 쉬운가? 그런데 왜 그걸 처음엔 몰랐을까!

이 기법을 활용한 사람은 그렇지 못한 사람들보다 창의적 문제(insight problems)의 해결 능력이 평균 67%나 앞섰다고 맥카프리는 주장한다.

사실 우리들이 어떤 문제에 당면했을 때 기능적 고착이라는 높은 담장을 미리 쌓고 있기에 해결책을 발견하지 못한다. 그 담장을 무너뜨리기 위해선 문제를 작은 덩어리로 나누고 재구성할 때 비로소 해결책에 가까워질 수 있다.

GPT는 지극히 단순한 문제의 해결 도구로 주변에서 얼마든지 유용하게 활용할 수 있다. 다만, 어떤 대상이 품고 있는 요소(factors)를 세부적으로 나누기 위해선 최대한 생각이 다양하고 유연해야 한다.

GPT를 응용해 다음 문제를 해결해보라.

필리핀 빈민가를 접해본 적이 있는가? 수도 마닐라를 조금만 벗어나도 그들의 팍팍한 삶은 쉽게 접할 수 있다. 사방에 제대로 된 창문 하나 없는 데다 경제적 이유로 전기마저 들어오지 않으니 대낮에도 실내는 암흑 그 자체다. 아이들은 공부를 하고 싶어도 빛이 없어 제대로 공부를 할 수 없는 최악의 환경이다.

이런 빈민가에 빛이라는 고귀한 선물을 할 수 있는 방법이 없을까? 사실 간단하다. 전기를 끌어다준 다음 전등을 설치하고 매달 꼬박꼬박 전기세를 대신 내주면 된다. 하지만 당신이 돈에 파묻혀 사는 억만장자에다 평소 이타심으로 똘똘 뭉쳐 있지 않다면 불가능하다.

그런 경제적 여유의 주인공이 아니더라도 실망하긴 이르다. 우리에겐 공짜로 무한히 채굴할 수 있는 창의적 두뇌가 있지 않은가!

이 문제를 단숨에 해결할 재료를 나눠준다. 딱 세 가지다.

• 페트병, 물, 세제

이 세 가지 재료만 활용해 대낮에도 캄캄한 빈민가 실내를 빛으로 가득 채워라. 버려진 채 나뒹구는 플라스틱 페트병과 물, 세제(표백제)만을 사용해 빈민가의 삶을 개선시켜보라는 얘기다.

언뜻 말도 안 되는 황당한 주문처럼 비치지만, 이를 활용해 탄생한 아이디어는 저개발국·저소득층 수백만 명에게 지금도 희망의 빛이 되고 있다.

'페트병 전구'라고 들어본 적이 있는가? 페트병에 물과 약간의 세제(10ml)를 넣고 지붕에 구멍을 뚫어 꽂아 넣는 것으로 설치 작업은 끝난다.

태양빛이 집 안에 퍼져 40~60W 밝기의 전구 역할을 하게 된다. 페트병에 담아놓은 세제 섞인 물이 태양 빛과 만나 산란되면서 실내가 환해지는 원리로, 2001년 브라질의 평범한 엔지니어 알프레도 모저(Alfredo Moser)가 개발했다.

출처: http://cdn.phys.org/newman/gfx/news/hires/2011/1-theprojectha.jpg
http://junkcraft.com/?p=793

이 페트병 아이디어를 차용해 이번엔 집안에다 에어컨을 한 대 만들어보라. 그 재료로 딱 두 가지만 준다.

• 페트병, 종이 박스(나무판자)

에어컨이란 말에 화들짝 놀란다. 그걸 페트병으로 만든다고? 미친 거 아니! 알다시피 에어컨이 얼마나 복잡하고 정교한 기술을 요하는 제품이던가!

알고 보면 페트병과 종이 박스를 활용해 에어컨을 만드는 방법은 간단하다. 그 과정은 이렇다.

집안 창틀 크기의 종이 박스나 나무판자에다 페트병 주둥이가 겨우 들어갈 만큼의 둥근 구멍을 일정하게 뚫는다. 그런 다음 페트병 아랫부분을 잘라내(깔때기 모양) 그 주둥이를 구멍에다 꽂고 창틀에 끼우면 완성된다.

출처: http://inhabitat.com/this-amazing-bangladeshi-air-cooler-is-made-from-plastic-bottles-and-uses-no-electricity/
http://www.geek.com/science/eco-cooler-air-conditioner-cools-a-home-without-using-electricity-1657343

작동 원리 또한 간단하다. 집 밖 공기가 페트병의 아래 넓은 곳을 통해 들어와 주둥이에서 압축됐다가 다시 집안에서 팽창되면서 주변의 에너지를 빼앗는 원리다.

낮 최고 기온이 섭씨 45도까지 올라가는 방글라데시는 약 70%의 가정이 전기조차 들어오지 않는다. 이 때문에 에어컨은커녕 선풍기조차 가질 엄두를 낼 수 없는 최빈국이다.

이 에어컨은 사회적 기업인 그라민 인텔(Grameen Intel)이 방글라데시 광고 회사 그레이 다카(Gray Dhaka)와 손잡고 개발했다. 누구나 간단히 제작할 수 있는 이 천연 에어컨을 달면 실내 온도가 최소 5도 내려간단다.

페트병을 이용한 전구나 에어컨은 특별한 기술력을 적용한 게 아니라, 그간 우리가 간과해온 단순한 과학의 원리로 만들었을 뿐이다. 만약 페트병을 단순히 음료수를 담는 용기로만 생각했다면, 전구나 에어컨으로 활용하겠다는 발상은 하지 못했을 것이다.

실천2. 호기심 불러오기

세상을 바꾼 한 단어, 그게 뭘까?

단언하거니와 응답자의 숫자만큼 다양하게 나올 수 있다. 그럼에도 누구나 흔쾌히 공감하는 건 이 단어다.

'왜(why)?'

또 다른 질문을 해보자. 창의적인 사람과 그렇지 않은 사람의 차이는 어디서 비롯될까? 갑론을박이야 오가겠지만 다수가 꼽는 건 필경 이게 아닐까!

'호기심(curious mind).'

어디서 무슨 일을 어떤 상황에서 직면하건 응당 그러려니 하지 말고 항시 궁금증을 가지고 바라봤으면 좋겠다.

'왜'라는 단어 근저에 깊숙이 뿌리 내리고 있는 건 '호기심'이다. 이런 호기심은 인간이 신세계를 발견할 수도, 정보를 축적할 수도, 의문을 해소할 수도, 새로운 연결 고리를 찾을 수도, 생각을 흔들어 기존 규칙을 무너뜨릴 수도, 그간의 결핍을 보충할 수도 있게 했다.

제우스가 신들을 총동원해 빚은 인류 최초의 여성 판도라. 그녀가 온갖 악과 불행, 걱정거리가 담긴 상자를 열게 만든 것도 호기심이었다.

또 호기심은 수시로 우리 인간을 다양한 일탈과 위험으로 이끌었으며, 다양한 정보는 지식으로 녹아들어 수시로 창의력이란 이름으로 발현되고 있다.

20세기 최고의 창의적 인물로 손꼽히는 아인슈타인은, "나는 특별한 재능이 없다. 가진 건 열정적 호기심뿐(I have no special talents. I am only passionately curious)!"이라며 호기심의 소중함을 각인시켜주기도 했다.

- 작물 가운데 가장 적응력이 뛰어나다.
- 볼품없는 모양 때문에 악마의 식물이라고 불리기도 했다.
- 물과 토지, 비료, 일손 등을 최소화할 수 있는 효율성 작물이다.
- 오랜 기간 배고픔을 달래준 구황(救荒) 작물이었다.

- 재배 면적당 다른 곡물보다 2~4배 더 높은 칼로리를 보유하고 있다.
- 영화 〈마션〉에서 홀로 화성에 남겨진 주인공이 재배하는 작물이다.

무슨 작물인지 눈치챘는가? 모르긴 해도 마지막 힌트(〈마션〉)에서 감 잡았으리라!

유럽 최강 국가 독일의 기틀을 다진 프리드리히 대왕. "국왕은 국가에서 첫째가는 머슴!"이란 자신의 말처럼 프리드리히 대왕에겐 '계몽 전제군주'라는 별칭 외에 또 다른 호칭이 하나 있다.

바로 '감자 대왕(Kartoffel Fritz)'이란 애칭이다. 계몽 전제군주라는 호칭과는 전혀 맞닿지 않는다. 그는 무슨 연유에서 감자 대왕이라 불리게 된 걸까?

중세 유럽에서 감자는 사람이 못 먹는 음식으로 평가받으면서 국민들의 저항이 거셌다. 딱히 맛도 향도 없어 고작해야 가축 사료 정도로만 취급되었다.

프러시아에서는 1744년 대흉작으로 많은 국민이 굶어 죽었다. 프리드리히 대왕은 대체 식량으로 감자의 잠재력을 꿰곤 농민들에게 이를 재배하도록 독려했다. 하지만 울퉁불퉁 못생기고 무미건조한 작물을 선뜻 재배하려 나서는 농민이 없었다. 그는 고심 끝에 새로운 해결책을 제시한다.

대왕은 정원사에게 왕실 전용 농장에 감자를 재배하라고 명했다. 그리고 그 감자밭 주변엔 도둑을 막는다는 핑계로 무장 감시병을 배치했다. 왜 그랬을까?

진짜 의도는 이랬다. 대왕이 무장 감시병을 따로 둘 정도라면 분명 귀중한 작물일 것이라고 농민들은 생각했다. 호기심이 고양이를 죽인다고, 농민들은 갖은 방법으로 감시병의 눈을 피해가면서 대왕의 농장에서 자라는 작물을 입수했다. 그러곤 스스럼없이 그 작물을 자신들 밭에다 옮겨심기 시작했다.

대왕의 기발한 재치로 최악의 상황을 최고의 상황으로 만들어버렸다. 국민들이 모두 거부하고 반발하는 최악의 상황을 되레 더 적극적으로 수용하려 들고 간절히 원하는 최고의 상황으로 반전시킨 거다. 호기심 덕분이다.

기존의 감자는,

"모양도 기괴하고 맛도 향도 없어 가축이나 먹는 일종의 사료다."

호기심이 부른 감자는,

"왕실 전용 농장에 재배되고 별도의 감시병을 둬 관리할 만큼 값진 식량이다."

프리드리히 대왕 덕분에 감자는 독일의 주식으로 자리를 잡았고 식량 증산으로 이어졌다. 호기심, 이는 독일을 통일로 이끄는 큰 씨앗이 되었다.

마크 트웨인의 소설《톰 소여의 모험》에는 자못 흥미로운 일화가 등장한다.

맨날 말썽만 피우는 개구쟁이 톰에게 참다못한 이모는 "담벼락에 페인트칠을 다하기 전엔 놀지 말라"는 힘든 페널티를 준다.

홀로 페인트칠을 하고 있는 톰을 발견한 친구들은 처음엔 그를 애처롭게 여긴다. 하지만 "담벼락에 페인트칠할 기회가 어디 자주 있니? 얼마나 재미있는데" 하는 톰의 한마디에 친구들의 마음은 슬슬 동요하기 시작한다. 톰의 잔머리에 딱 걸려든 거다.

그런 친구들의 마음(호기심)을 간파한 톰은 못 이긴 척 페인트칠하기란 특권(?)을 친구들에게 약간의 보상까지 챙겨가면서 넘긴다.

톰은 친구들 머릿속에 페인트칠하기를 '몹시 힘들고 고된 작업'이 아니라 '호기심 가득한 재미있는 놀이'로 바꿔버렸다. 그런 호기심은 수시로 당신의 뇌를 흔들어 기능적 고착에서 자유로워지게 하는 강력한 무기다.

실천3. 정의나 전제를 새롭게 하기

모든 인간의 발전은, 그것이 어떤 형식을 취하든 규칙에서 벗어나야 한다. 그렇지 않으면 우리는 어떤 것도 새로운 것이라곤 얻지 못할 테니 말이다.

천재 발명가 찰스 캐터링(Charles Kettering)의 돋보이는 지적이다. 그의 충고처럼 규칙에서 벗어난다는 건, 어떤 사물(대상)이 갖는 정의나 전제 자체가 얼마든지 무의미해질 수 있는데, 이를 통해 우리는 새로운 길(발전)로 나아갈 수 있다는 주문이다.

'1 + 1 = ?'

맞다. 당신의 생각대로 진짜 유치한 문제다. 99.9%의 사람은 '2'라고 대답했다. 뭐 그게 정답이니까. 다만, 일상에서 사용하는 10진법이라고 불리는 표기법을 암묵적 전제로 두고 계산했다는 사실이다.

그렇다면 나머지 0.1% 혹은 그 이하의 사람은 이렇게 생각했을 수도 있다. 이 문제에서 '1'의 정의는 뭘까? 10진법의 '1' 아니면 20진법, 60진법?

10진법은 0부터 9까지 숫자 열 개를 사용하지만, 앞의 '1'이 0과 1의 두 개 숫자로만 이뤄진 2진법의 '1'이라면, '1 + 1 = 10'이라 표기가 될 수 있다.

앞의 문제를 코흘리개 유치원생과 방금 결혼한 신혼부부에게 물었다면, 모두 '1'이라고 답했을지도 모른다. 전자는 '1 + 1'을 물방울로 보았고, 후자는 '1 + 1'에서 일심동체를 떠올렸기에 나온 대답이다.

이게 다가 아니다. 또 다른 유치원생은 그냥 숫자를 나열한 '11'이라고 답했고, 또 다른 신혼부부는 태어날 자신들의 2세(가족)를 떠올리면서 '3, 4'라고 했을 수도 있다.

또 경영 전략 텍스트에 등장하는 용어인 '상승효과(synergy)'를 이제 막 터득한 경영학도라면 '2 이상'이라고 으스대며 얘기하고, 드라마에 빠져 한시도 리모컨을 놓을 줄 모르는 아내는 MBC(11채널)를 떠올리며, 대형 마트 점원은 '원 플러스 원'이란 판매 전략을, 그 앞을 지나는 고객은 '하나 사면 하나는 공짜'를 떠올리면서 흡족한 미소를 지었을 수도 있다.

어떻게 하면 기능적 고착에서 벗어나 창의적이고 다양한 발상을 할 수 있을까? 바로 '1 + 1 = ?' 문제처럼 정의나 전제를 새롭게 하는 것이다. 정의나 전제가 다르면, 그 이후의 논의나 결론도 모두 바뀌기 때문이다.

'천국의 식사와 지옥의 식사'라는 재미있는 유머가 있다. 천국에서나 지옥에서나 식사 시간에 사용하는 젓가락 길이가 무려 1미터짜리다.

지옥에선 자신의 입에 음식물을 넣으려고 필사적으로 애를 쓰지만 젓가락이 너무 길어 도무지 음식을 먹을 수가 없다. 그래서 늘 배고파한다.

반면 천국에선 긴 젓가락으로 음식물을 집은 다음 상대방 입에 가져다준다. 식사 시간엔 서로 먹여주면서 오붓한 정을 쌓아간다.

젓가락으로 집은 음식물은 늘 자신의 입으로만 가져간다는 기존 정의를 늘 다른 사람에게 가져다주는 걸로 바꾸는 순간 지옥은 천국이 된다.

정의를 바꿈으로써 태어난 상품 하나를 소개한다.

'샤프펜슬'을 정의해보면 이렇다.

"흑연이 사용된 필기도구로, 썼다가 얼마든지 지울 수 있다."

이번엔 '볼펜'을 정의해보자.

"잉크가 사용된 필기도구로, 썼다면 지울 수 없다."

또 '색연필'에 대해서도 정의해보자.

"여러 광물질 물감을 섞어 다양한 색깔을 내는 필기도구로, 그렸다면 지울 수 없다."

여기서 잠시, 볼펜이나 색연필은 어째서 샤프펜슬처럼 작성한 글이나 그림을 몇 번이고 고칠 수 없단 말인가? 그게 가능하다면 참 편리할 것이다.

볼펜이나 색연필로 쓴 글과 그림을 지우개로 지우는 일은 힘든 게 사실이다. 그동안 하얀 수정액으로 덧씌우는 방법 외엔 딱히 방법이 없었다. 그래서 마뜩찮다.

이번엔 볼펜과 색연필에 대한 정의를 새롭게 규정했다. 먼저 볼펜은,

"잉크가 사용된 필기도구로, 썼다가 얼마든 지울 수 있다."

그다음 색연필은,

"여러 광물질 물감을 섞어 다양한 색깔을 내는 필기도구로, 그렸다가 얼마든지 지울 수 있다."

볼펜과 색연필이 급기야 샤프펜슬의 정의에 가까워졌다. 심(芯)의 재료만 다를 뿐이다. 일반적으로 생각하면 약간의 무리가 따르는 전제나 정의임이 분명하다.

하지만 볼펜에 관해 지금껏 사용되어온 정의나 전제에 의심을 품고 새롭게 규정하는 순간, 그간 숨 막힐 정도로 밀폐되었던 생각의 문은 열리기시작한다. 무한대로 뻗어나갈 참신한 생각의 확장이다. 실제로 어떤 일이벌어졌을까?

지난 2006년 처음 발매한 파이롯트(Pilot)의 '지울 수 있는 볼펜!'은 시장에서 큰 히트를 쳤다. 이어 발매한 컬러 잉크를 왁스로 굳혀 만든 '지울수 있는 색연필'도 히트 대열에 합류했다.

볼펜과 색연필의 머리 부분에 달린 고무(지우개)를 기록한 내용(글과 그림)에 대고 그냥 쓱쓱 문지르면 지워진다. 지우개 똥도 나오지 않는다. 자주 고쳐야 하는 문서 작업엔 더없이 유용하다.

특히, 전대미문의 지울 수 있는 볼펜은 그 성능이 날로 향상되면서 2014년 전 세계에서 10억 개 이상 판매될 만큼 큰 인기를 누렸다. 덕분에 일본을 찾은 외국 관광객들이 가장 많이 찾는 필기도구의 하나로 자

출처: http://image,search,yahoo,co,jp/search?p=Pilot+pen+eraser&aq=−1&oq=&ei=UTF−8#mode%3Ddetail%26index%3D2%26st%3D0

리매김했다.

이는 기업들이 제공하는 서비스의 정의에도 얼마든지 적용할 수 있다. 항공사가 단순히 '비행기를 운전해 목적지까지 고객을 실어 나르는 회사'라는 정의를 '고객에게 목적지까지 안락함과 행복을 제공하는 회사'로 바꾸게 되면, 고객에 대한 서비스 개념이 하늘과 땅만큼 달라질 수 있다.

스타벅스가 '고객에게 커피를 판매하는 회사'에서 '고객에게 편안한 공간을 제공하는 회사'로, 제공하는 서비스의 정의를 바꾼 지 오래다. 덕분에 스타벅스는 세계 최고의 커피 전문점이 되었고, 지난해(2015년) 한국인은 무려 5,000만 잔의 스타벅스 '아메리카노'를 마셨다.

또 디즈니는 '고객에게 테마파크를 판매하는 회사'가 아닌 '고객에게 판

타지(fantasy)를 제공하는 회사'를 내세움으로써 세계 최고의 테마파크로 자리매김했다. 이런 개념은 완전히 색다른 서비스 개발이나 창출에도 도움을 주고 있다.

이처럼 사용법이나 기업의 모토, 이미지 등을 바꿈으로써 고객 서비스는 물론이거니와 기존에 추진해왔던 전략마저 180도 바꾸는 충격을 내외부에 던져줄 수 있다. 평소 CEO를 비롯해 구성원들이 골치 아파했던 문제의 해결은 덤으로 얻을 수도 있다.

이전 누군가가 규정한 정의나 전제 안에서만 수없이 맴돌아봐야 귀한 시간만 낭비할 뿐 새로운 발상을 기대하기란 애당초 무리다. 이를 깡그리 무시하고 자신만의 의문과 정의를 내리는 순간 기능적 유연성도 다양성도 무한대로 펼쳐질 수 있다.

실천4. 인과관계 오류 줄이기

질문 하나. 서울에서 암 발생률이 가장 높은 구(區)는?
질문 둘. 서울에서 암으로 인한 사망률이 가장 높은 구는?

국내 병원의 암 환자 완치율은 세계 최고 수준이다. 보건복지부와 국립암센터 중앙암등록본부(2011년 12월)가 발표한 '국가암등록통계'에 따르면, 2005~2009년 암 환자 5년 생존율은 62%로 나타났다고 한다. 국내 암 환자의 5년 생존율이 처음으로 60%를 돌파했다.

과거 자료이긴 하나 현재도 그 흐름에 큰 차이가 없을 것으로 보여 소개한다. 어쩌면 현상이 더 고착화됐을 수도 있다.

서울시 지역 암등록사업단은 지난 2003년 "서울 시민의 암 발생 특성"을 발표한 적이 있다. 보고서는 1993~1997년에 서울 시민 가운데 암에 걸린 사람 9만 3,000여 명을 추적 · 조사한 결과를 분석했다. 보고서에서 가장 눈에 띄는 건, 서울시 구별 암 발생률과 그 사망률이었다.

일반인의 예상과는 달리 암 발생률이 가장 높은 곳은 놀랍게도 '강남구'였다. 그다음으로 광진구, 서초구가 뒤를 이었다. 유난히 부유층이 많은 지역에서 암 발생률이 높게 나왔다. 이 문제를 어떻게 해석해야 할까?

"영화나 드라마 보면 부자들 엄청 스트레스 받잖아요."

"사업상 불규칙한 생활과 신경 쓸 일이 지나치게 많아서."

"암(癌)이란 한자를 풀어보면, 산(山)처럼 먹고 마셔서(口가 3개) 걸리는 병(病)이지요. 강남이 바로 그런 동네가 아닌가요?"

그렇다. 가족이나 친구들과 오손도손 지내기보단 '돈 버는 기계'처럼 일하다 과다한 스트레스로 인해 건강이 나빠진 거다. 그리고 보니 우리 속담에도 이런 게 있다. '천석꾼은 천 가지 걱정, 만석꾼은 만 가지 걱정'이라는 속담처럼 강남 부자들도 만 가지 걱정과 갖은 스트레스를 이기지 못해 암에 노출되기 때문이다.

이렇게 떠올린 당신의 생각이 과연 진실에 근접해 있을까? 아니오

(No)다.

왜 강남구는 암 발생률이 가장 높을까?

사실 그 까닭을 알고 보면 약간 우울 내지는 허탈해질 수 있다.

자칭 타칭 대한민국 최고의 부촌(富村) 강남. 이 지역 주민들은 서구식 생활문화로 인해 암 발생률이 높을 수도 있다. 그러나 그보다 더 중요한 원인은 따로 있었다. 바로 정기적인 건강 진단을 통해 암을 조기에 발견한 게 핵심이다. 강남에 위치한 전문 의료 기관의 수나 관련 검사 장비, VIP 건강검진 프로그램 등의 충실한 구비도 암을 조기에 발견하는 데 큰 몫을 했다.

실제로 일반 검진 센터 수진자의 암 발견율이 평균 0.67%인 데 비해 VIP 건강검진 프로그램 수진자의 암 발견율은 1.45%에 이를 만큼 온몸을 마치 손금 보듯 들여다보는 정밀 검진 덕분이다.

암 조기 발견이나 그로 인한 사망 또한 개개인의 경제적 수준과 명확한 관련성이 존재함을 적나라하게 보여주고 있다. 이런 현상은 자본주의 사회에서 당연한 귀결이긴 하나 왠지 씁쓸하게 들린다. '헬조선'이네, '흙수저'네 하는 말들이 난무하는 요즘 빈곤이 마치 돌림병처럼 비춰질까 봐 그렇다.

한편, 암으로 인한 사망률에선 전혀 다른 결과가 나왔다. 암으로 인한 사망률에서는 금천구가 가장 높았고 강북구와 광진구가 그 뒤를 따랐다.

10만 명당 남성의 암 사망자는 금천구가 394.1명, 광진구 285.6명, 강북구 284.7명이었다. 강남구는 90.4명, 송파구는 96.3명, 서초구는 159.8 명에 불과했다.

암 발생률과 사망률이 반비례하고 있다는 의미다. 암 발생률은 강남 지역이 가장 높았음에도 그로 인한 사망률은 가장 낮았다.

수평적 사고 퍼즐로 유명한 작가 폴 슬론은 저서《아이디어 사용 설명 서(How to be a brilliant thinker)》에서 다음과 같은 충격적 얘기를 소개 한다.

1930년대 유명 의학지에 미국의 뉴잉글랜드와 미네소타, 위스콘신의 암 발생률은 남부에 있는 주(州)보다 높고, 스위스와 잉글랜드의 암 발생 률은 일본보다 높다고 하는 연구 결과가 게재되었다.

우유를 마시는 것과 암 발생과의 사이엔 명확한 상관관계가 발견 되었다고 소란을 떨었다. 우유를 마시면 암에 쉽게 걸릴 수 있다는 결론이다.

이런 결론을 당신은 어떻게 받아들이는가?

실은 이 연구 결과는 완벽한 오류였다. 조사를 더 진행시키자 당시 우유 를 마시는 지역이 우유를 그다지 마시지 않는 지역보다 경제적으로 풍부 하고 평균 수명도 길다는 게 밝혀졌다. 아무리 미국이라도 1930년 당시 라면 누구든지 쉽게 우유를 마실 형편은 아니었다.

한편, 평균 수명이 길다는 얘기는 고령자가 많다는 말로 바꿀 수 있고,

그런 지역일수록 암 발생률이 높은 것은 당연지사가 아닌가.

앞서 언급한 강남 부자들이 온갖 걱정과 스트레스를 이기지 못해 암에 많이 노출되는 게 아니라, 꾸준한 건강관리와 정밀 검진 덕분에 암을 쉽게 발견했다는 것과 동일한 맥락이다.

미국의 한 통계학과 교수는 알래스카 주(州)에 있는 한 에스키모 마을의 주민 1,321명 전원을 대상으로 언어 구사 능력을 실시했다. 그와 동시에 주민들의 다리 길이도 함께 측정했다.

그 결과 놀라운 사실을 밝혀냈다. 주민들의 언어 구사 능력과 다리 길이 사이엔 명확한 상관관계가 있다는 거였다. 해당 교수는 이를 학계에 보고해 큰 파장을 불러왔다.

상식적으로 생각해도 어딘가 이상하다. 언어 구사 능력과 다리 길이가 무슨 관계가 있단 말인가! 여기에 대한 당신의 판단은 어떤가?

마을 주민 1,321명 전원이란 말엔 성인은 물론이고 심지어 젖을 물고 있는 유아나 어린아이도 모두 포함돼 있다는 사실을 간과해선 안 된다. 그러니 당연히 키도 다리 길이도 작을 수밖에 없다. 이처럼 통계에는 종종 왜곡 가능성을 담고 있다.

이를테면 이런 거다. 우범 지역엔 순찰 경찰도 당연히 많다. 이 통계를 토대로 '경찰 수가 늘수록 범죄가 증가한다'고 추론하면서 "경찰 밀도를 줄이자"고 주장한다면 어떻게 될까? 한마디로 인과관계를 거꾸로 적용한 오류(reverse causation)다.

- SKY 대학은 강의 수준이 높아서 우수한 졸업생을 배출한다?
★ 처음(입시)부터 머리 좋은 학생들을 전국에서 뽑아다가 채워 놓았다. 한마디로 선발 효과(성적 우수 학생이 모여 나타난 효과)가 위력을 발휘했기 때문이다.

- '골골팔십'이라거나 '일병식재(一病息災)'가 사실일까?
★ 병 하나쯤 가지고 있거나 태어날 때부터 몸이 약하면 평소 자기 절제나 음식 조절, 운동 등으로 몸을 잘 관리한다. 그런 까닭에 평소 건강했던 이들보다 더 오래 산다.

- 강남권 학생(일반계고)의 대학 진학률(2016년)은 50.9%로 전국 평균(77.5%)보다 낮았다?
★ 강남 지역 고교생 절반 가까이가 명문대 진학을 위해 재수를 선택했기 때문이다.

- 대한민국에서 가장 위험한 직업이 농업이다?
★ 고령화와 노동력 부족으로 노동 시간과 노동 강도가 증가하면서 농기계·농약 의존이 심해 사고가 늘어난 탓이다.

- 마라톤을 열심히 해서 몸이 건강하다?

★ '마라톤 = 건강'을 물론 무시할 수 없다. 그러나 42.195km라는 장거리를 뛰기 위해 평소 몸 관리와 운동을 꾸준히 해왔기에 건강할 수밖에 없다.

- 대치동 입시 학원은 족집게 강의를 해서 명문 대학에 많이 진학한다?

★ 처음부터 대치동에 와서 공부를 하려는 많은 학생들은 집안 형편이 좋은 것은 물론이고 욕심도 많고 공부도 잘하는 학생들이다. 실제로 대치동 입시 학원 들어가기도 쉽지 않다.

- 명장(名將)은 좀체 싸움에서 패하지 않았다?

★ 오늘날 명장이라고 불리는 다수는 적과 싸워 이길 수 있는 전쟁만 주로 치렀다.

우리 사회에서 종종 목격하는 이런 사례들 또한 인과관계를 역으로 적용한 오류라고 하겠다. 오류에 기반을 둔 얄팍한 생각들이 쌓이면 그게 고정관념을 부르고 급기야 기능적 고착으로 이어질 수 있다.

실천5. 선입견 버리기

아빠, "선생님이 좋아? 아빠가 좋아?"

아들, "선생님."

아빠, "이러기냐?"

아들, "아빤, ○○가 아니잖아."

질문이다.

앞의 ○○에 들어갈 말은 뭘까?

한 남자를 두고 세 여자가 실랑이를 벌인다. 서로 자기 거라고 고래고래 악다구니를 쓴다. 무척 당황스러울 법도 하지만 남자는 이런 때가 가장 행복하단다.

무슨 삼류 막장 연애소설의 첫머리냐고?

말미에 다시 언급한다. 일단 넘어가자.

덩치 큰 어른 한 명이 자그마한 체구의 아이 하나를 데리고 부지런히 길을 가고 있다. 둘은 무거운 등짐을 지고서 오일장이 열리는 읍내를 향하고 있었다.

이웃 마을을 막 통과할 무렵이었다.

느티나무 밑에서 쉬고 있던 노인 한 분이 등짐을 진 아이가 갸륵해 어른에게 물었다.

"(뒤따라오는 아이를 가리키면서) 당신 아들이요?"

"예, 제 아들입니다."

이윽고 마을을 지나 고갯마루를 돌아서려는 참이었다. 거기서 산나물을 캐던 아주머니 한 분이 둘의 모습이 정겨워 보였던지 아이에게 물었다.

"너희 아버님이시니?"

"아닙니다."

이게 무슨 귀신 곡할 노릇인가! 조금 전 이웃 마을 노인의 물음에 어른은 분명 자신의 아들이라고 답했다. 그런데 아이는 어른이 자기 아버지가 아니라고 그런다.

어떻게 된 것일까? 둘 중 누군가 거짓말이라도 하고 있단 말인가! 그렇다면 이 글을 접하고 있는 당신은 누가 왜 거짓말을 하고 있다고 생각하는가?

실은 둘 가운데 어느 누구도 거짓말을 하고 있진 않다. 문제는 앞의 글을 받아들이는 당신의 생각에 문제가 있을 따름이다.

이제 그럼 앞서 던진 질문에 하나씩 답해보자.

앞의 첫 질문 ○○에 들어갈 단어 문제다. 정답은 바로 '여자'다. 백만기의 《크리에이티브 생활자》에 등장하는 한 토막이다.

이상하게도 우리는 '선생님'이라고 하면 남자란 생각을 저변에 깔고 있지 여자라곤 좀체 떠올리지 않는다. 기성세대에게는 더욱 그런 경향이 짙다. 현재 초중고 선생님의 다수가 여자인 세상인데도 말이다.

그럼에도 여선생이나 여교수란 단어는 여전히 익숙하지만 남선생이나 남교수란 호칭은 거의 접한 적이 없다. 물론 성(姓)이 '남'인 사람은 제외하고.

또 "여자 주제에!", "여자 목소리가 왜 이리 크냐?", "무슨 여자가 저래?"라는 말은 익히 들어봤어도, "남자 주제에!", "남자 목소리가 왜 이리 크냐?", "무슨 남자가 저래?"라는 말은 자주 사용되지 않을뿐더러 그 용도도 약간 다르다.

설령 선생님을 여자라고 생각했더라도 우리 아이가 벌써 여자를 좋아하거나 그럴 나이라곤 생각하지 못한다. 자신은 그 나이 때 한창 여자에 관심을 가졌음에도 자신의 아이는 그냥 어리다고만 생각한다.

앞서 한 남자를 두고 세 여자가 실랑이를 벌이는 장면을 소개했다. 어떤 생각을 했는가?

"내 새끼거든."

"이젠 제 남자라고요."

"우린 피를 나눌 만큼 가깝다고요."

순서대로 남자의 엄마, 아내, 딸이다.

다음으로 큰 덩치의 어른과 자그마한 체구의 아이를 둘러싼 의문이다. 앞의 글을 읽고 고개를 갸웃한다면 '덩치가 큰 어른 = 남자'로 여기는 사람일 가능성이 크다. 사실 덩치가 큰 어른은 아이의 아버지가 아니라 '어머니'였던 거다. 덩치가 크다는 것과 무거운 등짐, 그리고 읍내 장에 간다는 말에 다들 아버지만을 떠올린 결과다.

세상엔 덩치 큰 여자가 얼마든지 있다. 그럼에도 덩치가 크다면 곧장 남자로만 인식한다. 그런 평범한 진리를 잠시 망각했다. 그간 우리 사회가 구성원에게 다양한 사고를 가질 기회를 길러주지 못한 탓이다.

부끄럽지만 고백할 게 하나 있다.

나는 아들 둘, 딸 하나를 두고 있다. 어릴 적부터 두 아들에겐 검은색이나 푸른색 계열의 옷을, 딸에겐 분홍색이나 빨간색 계열의 옷을 주로 사입혔다. 그 반대의 경우는 단 한 번도 없었다. 이게 바로 색에 대한 성별 고정관념이 아니고 무엇이겠는가.

지금 당장 지난날부터 당신의 머릿속을 규정하거나 도식화해온 모든 것을 과감히 깨부셔라! 철칙이라거나 과학 혹은 일반 상식, 아니면 원래 그런 거라는 선입견 아래 본시 자유인이길 원했던 당신의 생각이 굴레 속에 얽매여 있어선 곤란하다.

마찬가지로 두뇌에 주관적이거나 편중 · 왜곡된 지식들이 쌓이고 굳어져 다른 생각은 하지 못하도록 만드는 게 고정관념이다. 말 그대로 두뇌 속에 단단히 고정돼 있으면서 언젠가부터 마치 주춧돌 행세를 한다.

그로 인해 일단 선입견이 형성되기 시작하면 또 다른 세계에 대해 굳게 문을 닫아버린 채 기존의 편협하고 굴절된 시각으로만 사물을 바라보게 된다. 그게 바로 기능적 고착이란 정신적 노예다.

기능적 고착 털어내기

take action now!

Action 1. 분할해 보편적 접근하기
Action 2. 호기심 불러오기
Action 3. 정의나 전제를 새롭게 하기
Action 4. 인과관계 오류 줄이기
Action 5. 선입견 버리기

주부 모임에 도전해보기

급히 깔때기가 필요하다. 부엌이며 베란다며 그 주변을 살살이 뒤져봤지만 깔때기는 눈에 띄지 않는다. 무슨 법칙이라도 되는 양 찾을 땐 꼭 안 보인다는 푸념이 절로 나온다. 안절부절, 어쩌면 좋은가? 이거 하나 사러 슈퍼까지 성가신 발길을 옮겨야 하는가?

물론 그럴 필요까진 없다. 단지 필요한 건 당신의 머리 회전뿐! 베란다 모퉁이에 분리수거를 해둔 페트병을 떠올리면 된다. 그게 깔때기를 대체할 수 있다. 그러자면 '음료수가 들어 있었던 플라스틱 병'이라고 하는 기능적 고착을 벗어던지고 깔때기의 대체품으로 신속한 발상의 전환이 이뤄져야 한다.

본연의 용도 이외의 사용법을 떠올리는 게 바로 당신의 창의력 수준이다. 그런 창의력을 키우기 위해선 경험에 얽매이지 말고 두뇌를 의식적으로 해방시켜야 한다. 뇌가 머릿속에만 머물지 말고 세상 구석구석 어디든지 두둥실 떠다닐 수 있게 해야 한다.

현재 페트병은 생활 주변 어디에서나 접할 수 있으며, 없어서는 안 될 중요한 용기로 자리매김하고 있다. 특히, 살림 좀 한다는 여자나 깔끔 좀 떠는 여자, 주부 9단에게 페트병 재활용 비법은 필수다.

게다가 집안 쓰레기를 일주일만 안 버려도 그 부피 때문에 처분에 골머리를 앓는 게 각종 페트병이다. 여름 휴가지에서 가장 많이 버려지는 쓰레기 1위가 페트병일 정도다. 그런 페트병이지만 원래의 용도 외에도 다양한 재활용법을 가진 고마운 물건이다.

페트병은 폴리에틸렌을 원료로 만든 것으로, 가볍고 물이 새지 않으며 투명하고 쉽게 썩지 않는 페트병의 성질을 이용하면 재활용법이 무궁무진하다. 이 페트병으로 할 수 있는 용도를 최대한 많이 열거해보라.

최대한이라고 하면 10개 정도를 떠올리는 사람도 있을 테고 30개 이상의 활용법을 찾아야 만족하는 사람도 있다. 그에 따라 시간과 목표 개수를 정해본다.

힌트를 하나 주면, 무작정 페트병의 용도를 떠올리다간 30개 이상의 활용법을 찾기란 결코 녹록치 않다. 그래서 필요한 게 어떤 장소에 활용할 것인지 먼저 정해놓고 시작하는 게 훨씬 효과적이다.

이를테면, 부엌 용품으로 활용하는 방법, 거실에서 활용하는 방법, 사무실에서 활용하는 방법, 밖에서 활용하는 방법, 형상이나 그 변형 등 언제, 어디서, 어떻게 활용할지 떠올리는 것도 재활용법의 스펙트럼을 더욱 넓힐 수 있다.

무시무시한 페트병

그럼, 10분 동안 30개 이상의 활용법을 목표로 도전해보라. 시작!

먼저, 부엌 용품으로 활용하는 방법을 보면, 보리차(옥수수차, 결명자차 등)와 같은 각종 음료의 보관, 담근 술 보관, 깔때기, 스파게티 면이나 마른 국수 보관, 컵, 각종 조미료 및 밀가루(부침가루, 메밀가루, 찹쌀가루, 미숫가루) 보관, 수저 보관, 남은 요리 보관, 수세미 통, 쌀이나 잡곡 보관, 달걀 노른 자 분리, 주먹밥 만들기, 케첩과 마요네즈 등을 거꾸로 담아놓는 용기, 냉 장고 수납 용기, 비닐봉지에 마개 달기(뚜껑만 잘라 활용), 싱크대 정리함 등 이다.

거실에서의 재활용 방법이라면, 연필통, 일회용 비닐봉지 보관함, 인테 리어 소품, 각종 수납, 신문 꽂이, 화장실 물 절약 도구(벽돌 대체), 꽃병, 조 명, 어항, 화분, 재떨이, 장난감(볼링공 핀), 액세서리 보관함, 쓰레기통, 화 분 물뿌리개, 접이식 우산 꽂이, 세제 등의 리필용 용기, 저금통, 구슬 보관, 욕실에 칫솔 통, 빗통, 자질구레한 물건 수납 등이 있다.

그 외 공간에서도 페트병은 빛을 발한다. 등산용 수통, 물 로켓, 신발(슬 리퍼), 물총, 구명용 부력 장치, 휴대용 화장실, 분갈이 꽃삽, 애완동물 물 통, 페트병으로 엮은 배, 이른바 '뚫어뻥(공기 압축기)', 분무기, 타악기, 파이 프 이음매, 수로, 미니 텃밭, 고기 잡는 어항, 예술 작품 등도 생각할 수 있 겠다.

학생들이 내놓은 답안 가운덴 이런 무시무시한(?) 페트병 활용법도 있었다.

일명 '깔때기 잔'이 그것이다. MT에서 선배가 후배에게 페트병 윗부분을 자른 뒤 입구를 후배 입에 물린 다음 소주와 물을 섞어 붓는다는 거다. 이런 사용법은 자칫 불상사를 일으키는 것은 물론이거니와 왜곡된 사용법으로 분명 빗나간 아이디어다.

앞에 언급한 용도 외에도 이루 헤아릴 수 없을 만큼 다양하다. 다만, 다양한 활용법을 떠올릴 때 주의해야 할 점이라면, 처음부터 훌륭한 아이디어를 내거나 완벽한 재활용법만을 고집한다면 되레 사고가 멈춰버릴 수 있다. 일단은 유용하지 않아도 괜찮으니 그 용도를 광범위한 영역에 걸쳐 탐색하면서 무한한 가능성을 열어보자.

능청맞게 데이트 신청하기

나무젓가락이 여기 있다. 속칭 '와리바시'(일본말)로도 불린다.

이걸로 할 수 있는 것엔 어떤 게 있을까? 당신의 상상력을 총동원해 활용법을 제시해보라. 물론 아래에 이미 제시한 건 빼고. 제한 시간은 10분이다.

새 총(고무줄 총), 복불복 진행하기, 캠프파이어, 화분 지지대, 예술 작품, 비녀, 칼싸움, 선 긋기, 탑 쌓기, 집게, 호신용, 키 측정, 길이 재기, 이른바 임시 '고데기', 실타래, 휴대폰 거치대, 힘 자랑, 땔감, 커피 스푼, 불쏘시개, 곤충 채집, 개똥 수거, 컵라면 고정, 깁스 대용, 매(회초리), 게임 도구, 조각용, 꼬치구이 만들기, 이쑤시개, 니트 보푸라기 제거, 책갈피, 태워서 목탄아트, 속눈썹 올리기, 담배 피우기, 끓는 물 위에 올려놓기(넘침 방지), 자치기, 냄비 손잡이, 봉투 고정, 부목, 짜장면 비닐 벗기기, 효자손, 귀이개, (여러 개를 나란히 붙이면) 판자 등.

혹시 이건 어떨지 모르겠다.

편의점 카운터를 지키는 예쁘장한 누나에게 말 걸기. 어떻게?

"저기, 젓가락 있어요?"

무지개가 왜 아름다운지 아는가? 다양성 때문이다. 언제든지 생각의 무지개를 활짝 펼쳐라. 다양성은 창의력이란 씨앗의 텃밭이다.

본연의 용도 이외의
사용법을 떠올리는 게
바로 당신의 창의력 수준이다.

5명이 130명과 맞서는 법

당신은 억누르는 욕구의 크기만큼 왜소해지며, 강력한 열망의 크기만큼 위대해진다.

제임스 앨런(영국 작가)

아는가? 2017년은 인구 구조 측면에서 굉장히 중대한 의미를 갖는 해다.

단군 이래 '생산가능인구(15~64세)'가 정점을 찍고 감소하는 첫해다. 향후 정점 수준(2016년)의 생산가능인구를 유지하자면, 수십만에서 수백만의 외국인(이민)을 점차적으로 받아들여야 하는 상황이다. 초(超) 저출산이 초래한 비극의 시작이다.

현재 출산율이라면, 120년 뒤 한국 인구는 1,000만 명이 되고, 240년 뒤엔 100만 명, 500년 뒤엔 1만 명, 700년 뒤엔 지구상에서 완전히 사라진다고 한다.

생각의 다양성, 즉 남다른 생각 역시 인구에 비례해 지대한 영향을 주고 받는다. 이를테면, 5,000만 인구를 가진 한국이 1억 3,000만 인구를 가진 일본이나 13억 인구를 가진 중국보다 다양한 생각을 하려면 어떻게 해야 할까?

방법은 간단하다. 머릿수에서 밀리면 머리(인재)로 극복하면 된다. 일본인이 한 가지 생각을 떠올릴 때 우리는 세 가지 다른 생각을, 중국과 경쟁하려면 버겁겠지만 서른 가지 다른 생각을 떠올려야 한다. 그러면 산술적으로 중국, 일본과 대등하거나 앞설 수 있다.

마냥 소국의 비애로 돌리지 마라. 우리 마음가짐과 체계적 시스템(교육)이 받쳐준다면 얼마든지 가능한 일이다. 창의력을 기반으로 전공을 벗어나 다양한 분야의 전문 지식까지도 섭렵하고 응용할 수 있는 융복합형 인재 육성이 필수적이다. 지구의 자전 궤도를 뒤바꿀 만큼 혁명적 교육 개혁이 뒤따라야 한다.

'봄은 봄인데, 영 봄 같지 않다(春來不似春).'

요즘 돌아가는 한반도 정세가 딱 그렇다. 계절은 분명 봄인데, 한반도를 두고 벌어지는 국제정치는 봄은커녕 차디찬 한겨울이다.

스리랑카 속담에 이런 게 있다.

"코끼리가 사랑을 해도 잔디밭은 망가지고, 코끼리가 싸움을 해도 잔디밭은 망가진다."

우리의 가장 큰 아킬레스건은 우리가 아무리 발버둥 쳐도 한반도가 미국과 일본, 중국, 러시아의 4대 열강에 둘러싸인 잔디밭이라는 사실이다.

모든 건 시간과 함께 바뀐다는데 육십갑자가 두 번이나 흘러가고 있지만, 한반도가 잔디밭이란 지정학적 운명은 구한말과 달라진 게 하나도 없다. 열강이 벌이는 바둑 싸움에서 우린 바둑돌 신세다.

자국 이익에 철저한 미국, 날로 팽창하는 무뚝뚝한 중국, 심드렁하고 냉혹한 러시아, 호시탐탐 기회를 엿보는 일본. 그런 가운데 한반도의 지정학적 리스크는 그 어느 때보다 커지고 있다.

한국이 열강과의 관계 속에서 가장 우려되는 상황이 하나 있다. 한미(韓美) 혹은 한중(韓中) 관계가 미일(美日)과 미중(美中), 중일(中日) 관계의 '종속변수'로 전락하는 거다. 즉, 우리의 선택지가 늘 주변 열강의 관계에 따라 마구 휘둘리는 불행한 상황이다.

100여 년 전으로 시간을 거슬러 가보자. '가쓰라-태프트 밀약(Taft-Katsura Secret Agreement)'을 아는가? 1905년 당시 미국 육군장관 윌리엄 태프트와 일본 수상 가쓰라 다로가 도쿄에서 맺은 밀약이다. 일본은 필리핀에 대한 미국의 식민지 통치를 인정하며, 미국은 일본이 대한제국을 침략하고 한반도를 보호령으로 삼아 통치하는 것을 용인한다는 내용이다. 대한제국의 운명이 미일 관계의 종속변수가 되면서 참담한 국권 상실로 이어졌다.

향후 펼쳐질 냉혹한 국제정치 논리에서 우리의 이익과 생존을 어떻게 지켜낼지 현실을 직시하고 심각하게 고민해 혜안과 힘을 모아야 할 시기다. 과거 냉전 시대처럼 특정 진영에 기대거나 치마폭에 쌓여 우리의 생존을 보장받으려는 건 경솔하고 부질없는 짓이다. 스스로 설 수 없다면 언제든지 주변 열강의 종속변수로 전락하는 건 시간문제다.

안타깝지만 우리에겐 변수들을 통제할 수단도 앞에 놓인 선택지도 많지 않다. 오도 가도 못하는 아포리아(aporia) 상태란 게 적절한 표현이다. 그렇다고 열강의 태도를 놓고 일희일비하진 말자. 이럴 때일수록 의연한 자세로 경우에 따라선 '포커페이스'를 하고 현실을 냉철히 꿸 필요가 있다. 외교에는 기본적으로 힘이 지배하고 국익만 존재할 뿐, 영원한 적도, 영원한 친구도 없다. 동맹이란 한손으로 살포시 어깨동무를 하고 다른 한손으로 재빨리 주판알을 튕기는 것이다.

중국의 청년 혁명가 진천화(陳天華). 그는 "부끄러움을 무릅쓰고 원수의 나라에서 배우고 힘을 길러 돌아와 조국을 구하겠다"며 일본으로 건너간다. 그의 강한 의지도 일제의 냉대와 멸시에 의해 꺾이면서 1905년 31세의 나이로 자결한다. 유서에서 청년은 눈물겹도록 외쳤다. "내가 강하고 잘났는데 누가 감히 나를 넘볼 것이며, 내가 약하고 못났는데 누가 덮치지 않겠는가!" 간디 말과도 맞닿는다. "힘없는 것이 죄(罪)다. 우리에게 죄가 있다면 바로 이거다."

이 좁은 땅덩어리에 5,000만 명의 사람이 다닥다닥 붙어사는 현실을 떠올리면, 그 어떤 나라보다 적극적이고 선제적 전략이 필요하다. 국력의 총화(總和)는 국방력이다. 한국에 대한 유무형 공격은 곧 자신의 파멸(공멸)로 이어진다는 걸 각인시켜야 한다. '공포의 균형(balance of terror)'이 그것이다. 당장은 옳은 선택이 아닐지라도, 그걸 옳은 선택으로 조금씩 꾸며가는 게 우리의 책무다. 큰 홍역을 치르겠지만, 국가의 천년대계를 먼저 생각해야 하지 않겠는가!

다양한 생각 키우기

다양성 키우기	촉진 (+)	관찰 및 관찰력 기르기	실천1. 의식을 수시로 깨워두기 실천2. 가설을 세우고 검증하기 실천3. 머리로 배 터지게 먹기 실천4. '틀린 그림 찾기'에 도전하기 실천5. 습관의 다발 풀기
		제3안 떠올리기	실천1. 진정한 욕구 읽기 실천2. 문제 본질 꿰기 실천3. 우문현답(愚問賢答) 실천4. 초점 이동시키기 실천5. 더하고 빼고 변형시키기
	억제 (−)	동조 및 동조 압력 극복하기	실천1. 천상천하유아독존 실천2. 대중과 반대로 걸어보기 실천3. 자신의 존재 이유 깨닫기 실천4. 카르페 디엠(Carpe diem) 실천5. 자기 삶에 흔적 남기기
		기능적 고착 털어내기	실천1. 분할해 보편적 접근하기 실천2. 호기심 불러오기 실천3. 정의나 전제를 새롭게 하기 실천4. 인과관계 오류 줄이기 실천5. 선입견 버리기

다양성을 키워줄 20가지 Tip

1. 생각의 근친교배가 이르는 종착지는 멸종이란 이름의 역이다.

2. 개성이 없으면 다양성도 없고, 다양성이 없으면 창의력도 없다.

3. 다양한 생각과 뚜렷한 개성이 인류 생존의 거울이다.

4. 지도에 없는 길을 걷고, 사전에 없는 단어로 얘기하라.

5. 다른 생각이 우리의 강점이자 경쟁력이다.

6. 획일성이란 악마의 저주에서 하루 속히 깨어나라.

7. '다름'은 '틀림'이 아니라 또 다른 '기회'다.

8. 자신의 생각이 담겨 있지 않다면 그게 바로 모자람이다.

9. 관용이란 렌즈로 세상을 바라보라.

10. 모든 가능성과 생각의 여지를 남겨둬라.

11. 솔직한 의견 차이(대립)는 성장의 청신호다.

12. '부분'을 보는 동안 '전체'도 시야에서 배제시키진 마라.

13. 삶의 마지막까지 내려놓을 수 없는 게 지식 습득이다.

14. 끊임없고 경계 없는 독서를 하라.

15. 창의력의 적(敵)은 상식. 상식이란 말엔 침을 뱉어라.

16. 동조는 이중인격자로 살아가는 어리석고 불편한 행위다.

17. 내면의 코흘리개 어린아이를 흔들어 깨워라.

18. 길들여지지 않은 거친 생각이 세상을 흔들고 바꾼다.

19. 사회는 다양한 생각이란 무대에서 펼쳐지는 화려한 경연장이다.

20. 137억 년 우주의 역사 속 유일무이한 존재가 당신이란 사실을 명심하라.

|참고 문헌|

- 김광희(2015), 《일본의 창의력만 훔쳐라》, 넥서스BIZ.
- 김광희(2013), 《미친 발상법》, 넥서스BIZ.
- 김광희(2013), 《누워서 읽는 경영학 원론》(전면 개정판), 내하출판사.
- 김광희(2012), 《당신은 경쟁을 아는가》, 넥서스BIZ.
- 김광희(2011), 《창의력은 밥이다》, 넥서스BIZ.
- 김광희(2011), 《누워서 읽는 마케팅 원론》, 내하출판사.
- 김광희(2010), 《창의력에 미쳐라》, 넥서스BIZ.
- 김광희(2009), 《미니멈의 법칙》, 토네이도.
- 김광희(2008), 《유쾌한 이야기 경영학》, 내하출판사.
- 김광희(2007), 《부자들의 경영학 카페》, 국일증권경제연구소.
- 김광희(2006), 《유쾌한 팝콘 경쟁학》, 국일증권경제연구소.
- 김광희(2005), 《누워서 읽는 경영학 원론》, 내하출판사.
- 김광희(2004), 《상식이란 말에 침을 뱉어라(마케팅 입문서)》, 넥서스BIZ.
- 김광희(2004), 《이수일은 심순애를 어떻게 꼬셨내(경영학 입문서)》, 넥서스BOOKS.
- 김광희(2003), 《네 안에 있는 파랑새를 키워라!》, 미래와경영.
- 김광희(2003), 《경영학을 씹어야 인생이 달콤하다》, 미래와경영.
- 짐 랜덜/김광희 · 김대한 역(2013), 《창의력, 쉽다》, 상상채널.
- 엔도 이사오/손애심 · 김광희 역(2008), 《끈질긴 경영》, 국일증권경제연구소.
- 김광식(2016), 《김광석과 철학하기》, 김영사.
- 엘렌 랭어/김현철 역(2016), 《마음챙김 학습혁명》, 더퀘스트.
- 유인창(2016), 《명상록을 읽는 시간》, 바다출판사.
- 토마스 슐츠/이덕임 역(2016), 《구글의 미래》, 비즈니스북스.
- 구본권(2015), 《로봇 시대, 인간의 일》, 어크로스.
- 김경집(2015), 《생각의 융합》, 더숲.
- 김인수(2015), 《뺄셈의 리더십》, 명태.
- 로드 주드킨스/이정민 역(2015), 《대체 불가능한 존재가 돼라》, 위즈덤하우스.
- 마이클 본드/문희경 역(2015), 《타인의 영향력》, 어크로스.
- 마스다 무네아키(2015), 《지적자본론》, 민음사.
- 스티븐 존슨/강주헌 역(2015), 《우리는 어떻게 여기까지 왔을까》, 프런티어.
- 애덤 그랜트/홍지수 역(2015), 《오리지널스》, 한국경제신문.

- 에릭 월/서애경 역(2015), 《에릭월 창의력 특강》, 넥서스BIZ.
- 에이미 윌킨슨/김고명 역(2015), 《크리에디터 코드》, 비즈니스북스.
- 제이크 브리든/김태훈 역(2015), 《성과를 내려면 원칙을 비틀어라》, 한국경제신문.
- 존 판던/유영훈 역(2015), 《생각의 힘》, RHK.
- 허연·장영철(2015), 《피터 드러커 재즈처럼 혁신하라》, 비즈 페이퍼.
- 데이비드 와인버거/이진원 역(2014), 《지식의 미래》, 리더스북.
- 버나뎃 지와/장유인 역(2014), 《그들이 시장을 뒤흔든 단 한 가지 이유》, 지식공간.
- 배창환 엮음(2014), 《지금은 0교시》, 도서출판 한티재.
- 아베 마사아키/이예숙 역(2014), 《생각이 실력이다》, 솔트앤씨드.
- 위르겐 볼프/정윤미 역(2014), 《생각이 터지는 생각법》, 복돋움라이프.
- 이주희(2014), 《강자의 조건》, MID.
- 전성수(2014), 《최고의 공부법》, 경향BP.
- 조관일(2014), 《N형인간》, 현문.
- 김영식(2013), 《유레카의 순간》, 지식노마드.
- 백만기(2013), 《크리에이티브 생활자》, 글담출판사.
- 유르겐 쉐퍼/이선영 역(2013), 《아니면 어때?》, 프라하.
- 유정식(2013), 《착각하는 CEO》, 알에이치코리아.
- 레오 버스카글리아/박상은 역(2012), 《살며 사랑하며 배우며》, 도솔.
- 마르쿠스 헹스트슐레거(2012), 《개성의 힘》, 열린책들.
- IGM세계경영연구원(2012), 《세상 모든 CEO가 묻고 싶은 질문들》, 위즈덤하우스.
- 하워드 라이트/이순미 역(2012), 《그레이트 이노베이션 아이디어 100》, 비즈앤비즈.
- 나가타 도요시/김정환 역(2011), 《아이디어 창조기술》, 스펙트럼북스.
- 데이비드 코드 머레이/이경식 역(2011), 《바로잉》, 흐름출판.
- 박용현(2011), 《책은 도끼다》, 북하우스.
- 피오나(2010), 《사랑보다 나를 더 사랑하라》, 이콘.
- 앤드루 비티·폴 에얼릭/이주영 역(2005), 《자연은 알고 있다》, 궁리.
- 마빈 토케이어/강영희 역(2013), 《탈무드》, 브라운힐.
- 김남수·윤종배·이제은·최병택·홍동현(2010), 《100년 전의 한국사》, 휴머니스트.
- 안상헌(2009), 《미치도록 나를 바꾸고 싶을 때》, 북포스.
- 데이비드 리비트/고중숙 역(2008), 《너무 많이 알았던 사람 : 앨런 튜링과 컴퓨터의 발명》, 승산.
- 로저 마틴/김정혜 역(2008), 《생각이 차이를 만든다》, 지식노마드.
- 마빈 토케이어/현용수 역(2007), 《탈무드 1, 2》, 동아일보사.

- 로버트 서튼/오성호 역(2003), 《역발상의 법칙》, 황금가지.
- 류시화(1998), 《지금 알고 있는 걸 그때도 알았더라면》, 열림원.
- Jim Randel(2010), 《The Skinny on Creativity: Thinking Outside the Box》, Rand Media Co.
- Paul Sloane(2010), 《How to be a Brilliant Thinker: Exercise Your Mind and Find Creative Solutions》, Kogan Page.
- Javy W. Galindo(2009), 《The Power of Thinking Differently: An imaginative guide to creativity, change, and the discovery of new ideas.》, Hyena Press.
- Paul Sloane(2003), 《The Leader's Guide to Lateral Thinking Skills: Unlocking the Creativity and Innovation in You and Your Team!》, Kogan Page.
- Roger Von Oech(2002), 《Expect the Unexpected : A Creativity Tool Based on the Ancient Wisdom of Heraclitus》, Berrett-Koehler Publishers.
- Jordan E. Ayan(1997) 《Aha! 10 Ways to Free Your Creative Spirit and Find Your Great Ideas》, Three Rivers Press.
- Edward De Bono(1985), 《New Think》, Avon Books.
- 本川達雄(2015), 《生物多様性－「私」から考える進化・遺伝・生態系》, 中公新書.
- 東京大学教養学部・博報堂ブランドデザイン(2014), 《『個性』はこの世界に本当に必要なものなのか》, KADOKAWA.
- 荒金雅子(2013), 《多様性を活かすダイバーシティ経営－基礎編》, 日本規格協会.
- 小川仁志(2013), 《一瞬で100のアイデアがわき、一瞬で1000人の心がつかめる本》, 幻冬舎.
- 古沢広祐・國學院大學研究開発推進センター(2012), 《共存学 : 文化・社会の多様性》, 弘文堂.
- 前田信弘(2011), 《知識ゼロからのビジネス論語》, 幻冬社.
- 木村尚義(2011), 《ずるい考え方－ゼロから始めるラテラルシンキング入門》, あさ出版.
- トルステン・ハーフェナー/福原美穂子 訳(2011), 《心を上手に透視する方法》, サンマーク出版.
- 酒井穣(2010), 《これからの思考の教科書》, ビジネス社.
- リチャード ワイズマン(2004), 《運のいい人, 悪い人－運を鍛える四つの法則》, 角川書店.
- 일간신문 (《조선일보》, 《중앙일보》, 《동아일보》, 《매일경제신문》, 《한국경제신문》, 《한겨레》, 《오마이뉴스》, 《헌핑턴 포스트》, 《와이어드(Wired)》, 《프레지던트(プレジデント)》 등)
- EBS 동영상(2010.8.3), 조선의 프로페셔널－화인, 풍속화, 조선을 깨우다－김홍도.
- EBS 〈다큐프라임〉 교육대기획(2015.12.14), 서울대 A+의 조건(4부).
- 각종 포털 사이트 (naver.com, daum.net, google.com, yahoo.co.jp, goo.ne.jp 등)